龍圖騰、觀象臺、扁壺朱書、天塔獅舞、社火狂歡⋯⋯
————山西襄汾陶寺古村落文化資源研究————

陶寺文化

TAOSI CULTURE

尋找失落的帝堯之都

高忠嚴 —— 著

影響億萬華人的中華文明起源，竟然是一座小小的村莊？
堯舜不是神話傳說，鐵證如山，中國歷史五千年非虛胖！

目錄

第一章
陶寺概況

第二章
遺址文化 —— 龍鄉陶寺帝堯都

第三章
農耕文化 —— 篳路藍縷創史話

第四章
信仰文化 —— 追蹤覓跡訪神廟

第五章
歲時節日 —— 傳統習俗源悠長

第六章
文化遺產 —— 民間藝術展風采

結語：
陶寺古村落的活化、保護與利用

緒論

古村落是中華民族傳統文化的重要載體之一，是見證幾千年中華文明演化的文化承載地。「每一座蘊含傳統文化的村落，都是活著的文化遺產，展現了一種人與自然和諧相處的文化精髓和空間記憶。」[001] 中華民族的傳統觀念在村落社會中孕育而來，生產生活方式、倫理道德、習俗風情在村落產生。古村落承載著社會變遷的歷史文化資訊和自然生態資源，是中華民族五千年文明的見證者，是中華民族文化的根源所在。

尊重原住居民生活形態和傳統習慣，加快改善村莊基礎設施和公共環境，合理利用村莊特色資源，發展鄉村旅遊和特色產業，形成特色資源保護與村莊發展的良性互促機制。」總之，古村落反映出不同社會發展階段廣大鄉村地區的社會環境、文化狀態和精神風貌，凝聚著中華民族精神，維繫著華夏子孫的文化認同，豐富著多樣性的民族文化。

---

[001] 仇保興：〈深刻認識傳統村落的功能〉，《人民日報》2012 年 11 月 29 日，第7 版。

一、古村落文化資源類型與保護

當下社會，經濟全球化迅速發展，文化產業的發展在推動國民經濟發展和提升國家競爭力方面發揮著越來越重要的作用，與文化相融合的各類產業呈現出生機勃勃的發展趨勢，如文化旅遊產業、文創產業等，兼具經濟與文化雙重效益。古村落是自然資源和人文資源兼備的統一體，具有一定的歷史和科學價值，以及給人原生態的真實性而吸引著人們前來感受，古村落旅遊因此受到越來越多人們的喜愛，在旅遊業中的比重日益加重，這既是古村落保護與開發的有力措施，同時也成為村落經濟發展的重要出路。在經濟發展背景下，古村落的良性發展既要保持其村落文脈與核心傳統，也要適應現代社會需求，在傳統和現代之間走永續發展的道路。據此，對於古村落文化資源系統的發現挖掘和研究非常必要。文化資源指人們從事一切與文化相關的生產和生活內容，是人類進行文化實踐的重要資料，也是所在地區文化生產的客觀條件。

古村落文化資源可分為物質和非物質兩種形態的文化資源。物質形態的文化資源指有形的、物質的、固態的村落文化，包括村落民宅、廟宇、牌樓等各類私人建築和公共建築，還有建築周邊的環境元素，如道路、山川、水系等，它

們在特定的、人為的文化因素作用下，人工與自然相統一，形成人類文化遺址，如水井、耕地、堤壩、溝渠、道路景觀、橋梁等，構成村落的基本形態。在村落景觀要素中，如水體、古樹等，則成為民間傳說和村落習俗的承載處，同樣也成為村落物質文化資源的重要組成部分；非物質文化資源是無形的、動態的、精神的和可傳承的村落文化，如村落中的民風民俗、鄉規民約、傳說故事、節日及活動、手工技藝、曲藝說唱等，都是古村落中彰顯村落文化的重要資源形態。古村落空間結構多樣，文化形態多元，村落中內部文化的不斷傳承、互動，既發揮出社會功能，成為社會有機體的重要組成部分，也成為中國傳統文化最根本的基礎所在。[002]文化資源是古村落不可或缺的重要構成因素，是古村落悠久歷史和深厚文化底蘊來源所在。

古村落文化資源形式與類型多樣，文化內涵豐富，歷史文化資訊厚重，對古村落文化資源進行保護和開發具有重要的意義，這是人類社會在快速進步中必須面對的問題。隨著經濟的發展，都市化速度的增加，古村落中各類文化資源遭到不同程度的破壞，村落基礎設施落後，文化資源宣傳不夠，人們也越來越缺乏維護村落文化的意識。加之村落人口外流等問題日益突出，在這樣的背景下，急需對村落文化資

---

[002] 胡彬彬：《中國傳統村落文化概論》，中國社會科學出版社，2018，第4頁。

源進行持續性的保護工作。在保護過程中發現與挖掘村落文化資源的各項優勢並進行適度開發，對村落文化資源本身、對古村落而言，都是至關重要的措施。

因地制宜地對村落中的景觀與原住民給予生態性的保護，制定規劃性的保護開發策略、營造村落原生態環境等，從村落自然環境、特色住宅建築到居民生產生活方式和傳承的民俗文化方面進行合理的保護與開發，有利於村落文化資源的生存與發展。

二、山西襄汾陶寺古村落文化資源類型及現狀

山西襄汾縣歷史文化底蘊深厚，文化資源尤為豐富，先後有陶寺村、丁村、西中黃村、北李村列入中國傳統村落名錄；丁村古人類遺址、丁村明清民宅、陶寺遺址列為中國國家文化保護單位；以及歷史文化名鎮汾城鎮。在眾多文化資源中，陶寺古村落散發著自身獨特的魅力，以「最早中國」和「龍鄉陶寺」為人所知。襄汾其他古村落如丁村，依靠特色住宅建築和遺址得到宣傳、保護與開發，與此不同的是，陶寺村可用於開發的文化資源類型多樣，涉及遺址文化資源、農耕文化資源、信仰文化資源、節日文化資源、文化遺產資源等眾多方面，各類文化資源都有其獨特的表現方式。

大致分類如下：

1. 遺址文化資源

陶寺遺址是典型的中國遠古遺址，也是目前中國發現的最早的大型城址。帝堯城址、古觀象臺、盤龍紋陶盤、扁壺朱書等眾多出土文物彰顯著陶寺作為帝堯古都和根祖文化、龍圖騰崇拜的源頭。

2. 農耕文化資源

晉南地區是中國農耕文明的重要發源地之一。農耕文化與遺址文化相結合，觀天授時、耕種製陶的生產生活方式構成了陶寺古人生存延續的基礎。陶寺古村落的農耕文化也包括在帝堯農耕時期產生的禮儀規範及相關傳說，這些共同構成了中華民族遠古文明的重要元素。

3. 信仰文化資源

陶寺古村落信仰文化源頭可追溯到帝堯時期的赤龍崇拜，其餘還有神樹崇拜、神廟系統（關帝廟、娘娘廟、東嶽廟、魁星樓等），涉及傳說故事、人生儀式等方面的內容。

4. 節日文化資源

以陶寺「二月二」社火活動為主，與當地帝堯傳說和民間社火傳統結合，在節日文化中重要的一項是陶寺文化遺產

的展示，即國家級非物質文化遺產「天塔獅舞」，文化資源的相互融合與展現，是陶寺村當下村落文化發展的一個顯著特色。

5. 文化遺產資源

陶寺流傳有眾多民間藝術，天塔獅舞、舞龍舞燈、威風鑼鼓、抬閣表演、剪紙麵塑等，在陶寺古村落傳承發展著，是陶寺村的重要文化遺產，展示通常是在節日期間進行，是古村落活力的來源。

陶寺古村落文化資源類型多樣，獨具地方特色，但當前陶寺村旅遊開發還處於初級階段，挖掘村落文化資源是必要且緊迫的事情。

目前陶寺村落文化資源現狀有如下幾個方面：

1 陶寺是具有典型性和代表性的古村落，擁有眾多文化資源。從縱向上看，遺址文化彰顯出陶寺作為「最早中國」和「龍之故鄉」的地位；歷朝歷代保存下來的廟宇古蹟是陶寺信仰文化的重要載體，伴隨其中的是節日文化的擴散與傳承。橫向來看，各類文化資源在當下的陶寺村呈現出「爭奇鬥豔」的共存局面，尤為突出的是遺址文化、節日文化與文化遺產。

2 當下對陶寺文化資源的開發利用大多處於自發狀態。現階段陶寺主要對遺址文化、節日文化、文化遺產有一定程度的開發，如遺址文化中恢復古觀象臺，吸引各類遊客前來感受陶寺古人觀天授時的智慧，塑造遺址模型，讓人們更為直觀地欣賞陶寺遺址文化；節日文化中則恢復二月二龍抬頭社火節，節日期間有天塔獅舞、抬閣、威風鑼鼓等傳統技藝展示。但各類文化資源的開發呈現點狀、分散的狀態，沒有將其連綴成一個整體進行開發性的保護。

3 合理開發既是保護和傳承村落文化的途徑，同樣也是宣傳陶寺、為當地民眾增加旅遊收入的重要方式。村落文化資源的保護開發和鄉村振興密不可分，如何發揮自身的資源優勢，實現各類資源的利用，是陶寺村作為具有鮮明特色的村落得以立足的根本所在。

綜上所述，本研究以山西襄汾陶寺村為個案，探索陶寺古村落文化資源的表現形式、特點內容、保護傳承、開發利用等方面。在此基礎上，旨在尋求村落文化資源存在的表達方式，將個案研究拓展到普遍意義上，為同類型的研究提供借鏡，也為陶寺村文化資源的保護工作提供思路，為襄汾乃至山西古村落的永續發展做一鋪墊。

緒論

第一章
陶寺概況

陶寺村位於襄汾縣城東北 7.5 公里處，隸屬於山西省臨汾市襄汾縣陶寺鄉，是著名陶寺遺址的挖掘與發現地。陶寺遺址從 1978 年開始，歷經 40 餘年的挖掘與研究，取得了巨大成果。除此之外，陶寺村的非物質文化遺產也得到關注，如 2006 年，陶寺村傳統民俗文化天塔獅舞被列入第一批國家級非物質文化遺產名錄。陶寺村歷史文化悠久，村落文化資源多樣，呈現出獨特性和豐富性，2012 年，陶寺村被列入第一批中國傳統村落名錄。

一、地理概況

襄汾縣位於山西中南部，地處黃河中游地帶的臨汾盆地，東有塔兒山、西傍姑射山，汾河貫中。襄汾縣於 1954 年由襄陵和汾城二縣合併而成，古有「金襄陵、銀太平」的美譽，後又因「丁村遺址」和「陶寺遺址」的發現而名滿天下。

「山川河流，固以別封域之分區，亦以標邦國之勝概。況貨財灌溉之利，於是乎在。」[003] 這句話點明了山川河流對於劃分區域範圍、描述地域概況的重要性，地理位置對於了解一個地區空間範圍內的基本情況具有重要的價值。陶寺村距離襄汾縣城東北 7.5 公里，背靠崇山，因山頂上建有一寶塔，故當地人又稱崇山為「塔兒山」。

---

[003]　襄汾縣志編纂委員會翻印《襄陵縣新志、太平縣志（合刊）》，1986，第 40 頁。

　　塔兒山為太嶽山系之一，是襄汾縣、曲沃縣、翼城縣三縣交界處，塔兒山主峰為臥龍山，縣誌「山水」部分有記載：「臥龍山，在縣東南四十里。其巔有塔，一名崇山，又名大尖。日臥龍者，隋時有千尺大蛇，臥於其上，故名。」[004]縣誌記載的塔兒山名為「臥龍山」、「崇山」、「大尖」，大尖的稱謂不多見。縣誌上又有記載：「陶寺，三十五里，有堡。」[005]「堡」是古代軍事防禦建築物，由此可見在古時陶寺村曾遭遇外患，建堡以保護民眾安全。現陶寺村內還留有堡牆遺址，在村外陶寺遺址宮殿區西側位置也留有堡牆。以陶寺村為中心的周邊村落有：劉賈村、小梁村、王雲村、北張村、陳莊村、安裡村、東坡溝村、中梁村、李莊村，相鄰村落具有較強的凝聚性。在交通方面，臨襄線從北、西兩個方向穿境而過，霍侯線擦鄉而過，交通較為便利。

　　陶寺遺址於 1950 年代被發現，1978 年開始挖掘至今。陶寺遺址涉及範圍較廣，不僅包括陶寺村，還有東坡溝、南灣、吳家莊、西溝、宋村、中梁、安建、李莊等村落，占地300 多萬平方公尺，遺址位於陶寺村南，崇山西麓，在塔兒

---

[004] 仇保興：〈深刻認識傳統村落的功能〉，《人民日報》2012 年 11 月 29 日，第 7 版。

[005] 襄汾縣志編纂委員會翻印《襄陵縣新志、太平縣志（合刊）》，1986，第 22 頁。

山與汾河之間，地勢東高西低，呈一大緩坡。[006] 考古發現出陶寺遺址有早、中期城址、宮殿區等，還有早中期大型墓地和祭祀區的觀象臺基址，是解密中國早期國家與文明起源的重要遺址。[007]

陶寺村牌樓　攝於 2016 年 8 月 1 日

二、歷史沿革

追溯陶寺的遠古歷史，不得不與華夏文明發源地連繫起來。近 40 餘年的考古挖掘，確認了陶寺早期城址、宮殿區、墓葬及祭祀區、倉儲區。宮殿區內大小宮殿排列有序，均建

---

[006] 〈山西襄汾縣陶寺遺址發掘簡報〉，解希恭：《襄汾陶寺遺址研究》，科學出版社，2007，第 21 頁。

[007] 王巍：《中國考古學大辭典》，上海辭書出版社，2014，第 246 頁。

築在用夯土築起來的臺基上面，後世中國宮殿、衙門和廟宇建築常採用這種建築模式。陶寺遺址發現前，「堯都平陽」在人們看來僅僅是一個傳說，隨著陶寺遺址的發現，4,500多年前的大型城郭被認為是「帝堯之都」，這便印證了「堯都平陽」的真實性和可考性。《竹書紀年》也有關於堯的記載：「八十九年作游宮於陶，九十年帝游居於陶……一百年帝陟於陶。」[008] 文獻記載與城邑遺址的發現，證實了陶寺城址即為堯的都城。

陶寺是龍山文化的發祥地，考古發現的「特磬」和「鼉鼓」據考證是陶唐氏的樂器，而且是用於廟堂之上的彰顯王權地位的王室樂器。陶寺遺址出土距今約4,100餘年的古觀象臺，證實了《尚書·堯典》所述：「曆象日月星辰，敬授民時」的歷史場景。陶寺出土陶器上的「文」字及盤龍紋陶盤，也可說明陶寺文化是華夏文明的起源，陶寺是以龍為圖騰的華夏民族的根源所在。「陶唐氏遺風」在陶寺這片土地流傳著，為後人講述「最早中國」、「龍文化」的由來。

唐堯文化浸潤著後世陶寺的文化風采，隋唐時期的崇山寶塔，元明清時期陶寺村規模宏大的古建築群，數不勝數的文物勝景，關帝廟、伯王廟、祖師廟、崇福寺、鼓樓等星羅棋布。民俗文化的發展也豐富多彩，社火表演在明末清初就

---

[008]《竹書紀年》（卷上），平津館刊藏，嘉慶丙寅春三月，第3頁（下）。

初具規模，經過不斷發展，形成了包括舞龍燈、跑旱船、踩高蹺、天塔獅舞等一系列活動，在春節、二月二、廟會期間綻放光彩；鑼鼓表演、剪紙藝術、戲劇表演等眾多民間藝術也在陶寺傳承發展，共同促成了陶寺文化的輝煌燦爛。

三、村名由來

據《陶寺村史》記載，陶寺村曾名為「陶氏村」，這得追溯到新石器時代（距今約 4,000 餘年），陶器是當時人們的主要生活用具之一，得到大量的製造。傳說陶寺村是生產陶器的主要產地之一，村中還曾建有「陶唐氏祠」，所以陶寺村村名中帶有「陶」字。還有說法是當時燒製陶器的人都被稱為「陶氏」，村內多製陶人，故又被稱為「陶氏村」。[009] 至今陶寺村南的田地裡和東坡溝西側崖壁上還可以見到大量散落的陶片，可證明陶寺曾有燒製陶器的歷史。

「陶氏村」何以演變為「陶寺村」，歷經從「氏」到「寺」的變化？村史記載村名的變化與唐朝時佛教盛行有關。唐時，佛教在中國廣泛傳播，上至宮廷、下至民間，大建寺院成風。在陶氏村村外西北方，由富戶捐資和和尚化緣籌資興建起規模宏大、構思巧妙的崇福寺，是平陽府轄區範圍內

---

[009]　王德功、尚文：《陶寺村史》（內部資料），2000。

屈指可數的大型建築，僧人多達兩百餘人，香火不斷、佛事不絕。

後陶氏村的文人借「崇福寺」的名聲，又巧用「氏」和「寺」的諧音，於唐玄宗年間將「陶氏村」改名為「陶寺村」，陶寺村原北門上還有「唐風不遠」四個大字，可作為陶寺村於唐時受佛教影響而改名的證據。

還有說法指出陶寺村名來源與佛教並無關係，認為其來歷與鯀有關，相傳鯀從陝西崇山遷到陶寺一帶，也把所依之山塔兒山稱為「崇山」，鯀部落以製陶為業，尊奉製陶業先祖陶正為「陶神」，為供奉陶神，就在崇山下建起「陶神寺」，而陶寺村則因陶神寺而得名。[010]「寺」早在遠古時代並不是作為佛教用地或是官署名稱，而是作為祭祀神靈的場所，如曲沃為祭祀治水有功的臺駘而建有臺駘寺等，故此說法認為「陶寺」村名由來與佛教的傳播無關。

四、村落景觀

古村落是和諧的人聚空間，傳統社會建造村落景觀的基本形式有「八景」、「十景」。「八景」是古代較為常用的構景手法，如平湖秋月、蘇堤春曉等，在點出景觀的同時也營

---

[010] 陳玉士、喬建軍：《龍鄉陶寺》，山西人民出版社，2005，第 5 頁。

造出一種美的意象。古村落構景也沿用「八景」的形式，使村落景觀更為生動和具有文化內涵。[011] 陶寺村落景觀較為豐富，除了崇山寶塔、關帝廟、伯王廟、祖師廟、崇福寺、鼓樓等村落寺廟建築外，構成陶寺村村落景觀的還有「陶寺八景」（也有「陶寺十景」之說）。

1. 前門大街

村中有長一公里的東西大街，從曹家西胡同至老爺廟廣場，在傳統社會街面上有當鋪字號、煙坊、酒坊、飯店、旅店、藥鋪、雜貨，店鋪林立，商賈雲集，很是熱鬧。現如今，前門大街是作為陶寺村中主要街道存在的，街邊商舖櫛比鱗次。前門大街還是廟會的主要公共空間，每逢廟會期間，街道上聚集各地的商販，人們在進廟燒香祈福之餘，便在街道上購買各色商品，同樣是村落社會人際交往的重要空間。

2. 坐井觀天

文廟在距離關帝廟 5 公尺處位置，在文廟大門西側有一水井，井口由一個石盤鑿口而成，井洞寬不到一公尺，深不過五丈，相傳一個婦人不小心掉到井裡，不僅人沒受傷，衣服竟然也沒沾濕，她抬頭一望，天上月圓星閃，井內井外，

---

[011]　劉沛林：《古村落：和諧的人聚空間》，上海三聯書店，1998，第176頁。

融為一景，甚為奇觀。[012] 又有一說為陶寺村關帝廟和文廟建築都很高，坐在文廟前水井的井臺上仰起頭看，只能看見一縫天，故稱之為「坐井觀天」。[013] 同樣，「坐井觀天」的村落景觀也展現出關帝廟和文廟之巍峨。

3. 樓臺相會

陶寺村「樓臺相會」有二說。陶寺村中老爺樓（即關帝樓）對面為戲臺，每年農曆四月初八為陶寺村的「掃帚杈把會」，意在為夏收準備農具；農曆十月為「秋收冬藏會」。逢會必唱戲，在戲臺上為對面老爺樓裡的「關公老爺」唱戲，故為「樓臺相會」。還有一說是因為關帝廟和文廟距離較近，關公和孔子常在文廟前的水井旁暢談，天文地理、無所不談，因二人在此交談，所以稱為「樓臺相會」。另外，四月初八的廟會日期為佛誕日，是佛教信仰的典型表現，但在陶寺村，佛教與夏收相結合，有了在地化的意味，再與「秋收冬藏會」一起，更是增添了春祈秋報的內涵，民眾記憶時間均圍繞農業進行，是農業社會村落民眾日常生產生活的反映。

4. 珍珠塔

在陶寺村西門外約 150 公尺處有一土塔，塔底部直徑約

---

[012] 陳玉士、喬建軍：《龍鄉陶寺》，山西人民出版社，2005，第108頁。
[013] 王德功、尚文：《陶寺村史》（內部資料），2000。

為 3 公尺，塔高近 10 公尺。每年春暖花開的時候，其他地方都是花紅柳綠，此塔周圍卻長滿枸杞，待到秋來，大片鮮豔的紅色枸杞掛滿枝頭，如珍珠一般，特別吸引人。紅色枸杞在土塔周圍長滿，宛如鑲嵌在塔上的珍珠般炫目，故土塔被稱為珍珠塔。

5. 萬人傘

在陶寺村鼓樓東約 50 公尺處，有一株百年古柏樹，老樹橫枝，盤根錯節如同虬龍盤旋，是陶寺村村民求壽祈福之處。小孩過十二歲以後，便把脖子上帶的吉祥圈（布項圈）用繩子繫在這棵奇特的柏樹枝上，祈求孩子長命百歲，健康成長。經年累月下來，柏樹枝上掛滿了各式各樣的吉祥圈，萬人傘因此得名。

6. 九鳳朝陽

九鳳朝陽是陶寺村最大的古建築群，散落在村南崖溝上，由九座神廟組成。從西到東順序依次是：千手菩薩廟、龍王廟、普救菩薩廟、羅漢廟、火神廟、娘娘廟、白音閣、觀音菩薩廟、魁星樓等。[014] 廟宇分布均勻，蜿蜒向上，逐級增高。每年正月十五鬧花燈，萬盞燈火點亮，九座廟宇宛如九隻金鳳凰般。九座廟宇中以祖師廟為最高處，也就是所

---

[014] 王德功、尚文：《陶寺村史》（內部資料），2000。

謂的「鳳頭」，面朝溝南的朝陽溝，遠遠望去就如「九鳳朝陽」。

7. 千年古槐

古槐長於陶寺村中心，位於關帝廟前，南北兩側共有三株。最大的一株靠近泊池，高達 20 多公尺，其形龐大、枝葉茂密，樹圍要四五個人展臂圍抱才能圍住，古槐遮蔭數十公尺，樹上棲息著多種鳥類，傍晚歸巢後在樹枝上鳴叫，聲音悅耳，給勞累的人們遮蔭避暑、增添樂趣。

8. 水中撈月

水中撈月又被稱為水中觀月，在關帝廟南面有一泊池，四面用青石砌成，頂部用青磚做成花牆，用來積蓄雨水以供村民洗衣餵牲口用。泊池東有一公安房（村公所），窗戶正好和泊池對應，每當月亮升起，影子正好透過窗戶反射在泊池中間的水波中，月移水動、影影綽綽，景象十分美妙，因此人們稱此景為「水中撈月」。

也有說法稱共有「陶寺十景」，除了上述八景之外，還將文昌閣與魁星樓列入其中。文昌閣位於村西鼓樓東南側，與鼓樓文昌廟遙相呼應，在過去是講習讀書之地，每逢傍晚，文昌閣沐浴在夕陽下，伴著書聲琅琅，呈現出一片莊嚴肅穆的情景。魁星樓為木結構建築，上下共三層，建築呈八角

形，出角挑檐，共懸掛有 24 個風鈴。魁星樓為琉璃瓦蓋頂，內有欄杆，木雕精緻，繪畫細膩，中間二層有魁星爺雕像。

傳統村落中的「八景」、「十景」構成了經典村落景觀，在陶寺村，除了前門大街、珍珠塔、千年古槐這三景之外，其餘均為村落信仰空間。「陶寺八景」在滿足民眾精神需求的基礎上，也因精美的建築、獨特的景觀組合和神奇的傳說故事成為傳統村落的重要地域文化。現如今「陶寺八景」只剩下古柏樹和關帝廟，其餘均不復存在，但是在民眾記憶中，它們仍不斷再現，關於景觀的信仰活動、傳說故事依舊在民眾口中流傳著，成為村落民眾的集體記憶和難以忘記的鄉愁。

隨著社會的發展、歷史的變遷，村落景觀在歷史長河中消泯、重塑、再生，新的村落景觀在適應時代發展中逐漸生成，也形成了村落民眾新的認同。關帝廟、在原址上復原的觀象臺是當下陶寺村的主要村落景觀，成為陶寺村新的文化地標，也成為村落民眾認同感的重要來源，更是當下村落進行文化保護的資源集中處。

第二章
遺址文化 ── 龍鄉陶寺帝堯都

第二章　遺址文化—龍鄉陶寺帝堯都

　　文化遺址是古代社會人類生活生產所遺留下的痕跡，受自然原因或人為原因的影響，這些遺址多數被掩埋在地下，如民房、宮殿、都城、寺廟、官署、墓葬等，文化遺址反映了不同時期人類的社會活動、生產生活和改造自然的情況。對各類文化遺址進行考證和分析，得出其文化屬性和文化內涵，形成特定地區特有遺址的文化特徵。在對文化遺址研究和保護下所形成圍繞遺址的一系列文化形態，我們稱之為「遺址文化」，遺址文化是歷史的反映，具有歷史文化、美學、旅遊觀賞、經濟開發和教育價值，是一個地區文化資源的重要構成要素。

　　陶寺遺址位於晉南地區，地處黃河中游，是中原地區龍山文化大規模聚落遺址之一，在這裡曾經孕育出早期的華夏文明，是堯舜文化的遺存。陶寺遺址是目前在黃河流域發現的最大的城址，陶寺遺址文化的發現對於探索中國古代文明有著重要的意義。陶寺遺址文化也成為陶寺村落文化資源最重要的一塊拼圖，談及陶寺，人們大多了解的是其遺址文化。關於陶寺遺址的發現與挖掘過程，大致如下：

➤ 1950 年代初，基層文物工作者在晉南地區文物普查中發現了陶寺遺址，1965 年陶寺遺址被定為省級文物保護單位，當時所知陶寺遺址的面積只有幾萬平方公尺。

- 1959 至 1963 年，考古工作者在晉南進行大範圍的調查，涉及陶寺遺址範圍內的陶寺、中梁和李莊三處。[015]

- 1963 年冬、1973 年和 1977 年秋考古研究所在地方文化部門配合下進行過三次複查。

- 1978 至 1985 年陶寺遺址的第一階段的挖掘，確立了陶寺文化，初步認識了它的內涵、特徵、年代（西元前 2600 至前 2000 年），建立起分期（早、中、晚三期，每期又各含二段），理出晉南從仰韶文化經由廟底溝二期文化發展為陶寺文化的脈絡。[016]

- 1999 至 2000 年，中國社會科學院考古研究所山西隊和臨汾行署文化局對陶寺遺址再次進行挖掘和大規模的鑽探。發現陶寺文化晚期的 10 座房址，為研究陶寺文化晚期的聚落形態提供了實證資料。[017]

- 2002 至 2003 年，確認了陶寺早期城址、宮殿區和核心建築區附屬建築遺跡、中期小城內墓地、祭祀區夯土臺基建築和東部倉儲區。[018]

[015] 解希恭：〈陶寺考古的回顧與思考〉，解希恭：《襄汾陶寺遺址研究》，科學出版社，2007，第 10 頁。

[016] 高煒：〈陶寺，一個永遠的話題〉，解希恭：《襄汾陶寺遺址研究》，科學出版社，2007，第 2 頁。

[017] 中國社會科學院考古研究所山西隊、山西省臨汾行署文化局：〈山西襄汾縣陶寺遺址 II 區居住址 1999-2000 年發掘簡報〉，《考古》2003 年第 3 期。

[018] 中國社會科學院考古研究所山西隊、山西省考古研究所、臨汾市文物局：〈山西襄汾縣陶寺城址祭祀區大型建築基址 2003 年發掘簡報〉，《考古》2004 年第 7 期。

➤ 2003 至 2005 年，在陶寺中期小城內發現由夯土臺基和生土臺芯組成的建築基址。2003 年發現與挖掘第三層臺基夯土擋土牆內側有 11 個夯土柱和 10 道縫，考古人員用一年的時間實地模擬觀測，發現這些縫可以觀測到冬至、春分、秋分等重要節令日出，發現了古人觀測點的夯土標誌。[019]

➤ 2013 至 2017 年，在陶寺遺址發現了規模宏大的宮城及城門遺址，是目前考古發現的中國最早的宮城。

陶寺遺址歷經幾十年的探索與挖掘，取得了重大的成果。陶寺遺址見證了遠古文明的歷史進程，是華夏民族歷史文脈的重要展現，是全人類重要的文化遺產。遺址文化也成為當下陶寺重要的文化資源，對陶寺遺址的研究、保護與開發是陶寺古村落當下走文化發展道路的關鍵。

在陶寺遺址的保護策略上，應有計畫的進行調查、勘探、挖掘、研究，並進行展示，讓更多人發現陶寺遺址文化的價值，實現陶寺遺址保護與當地文化資源合理利用的雙重目標。

---

[019] 杲文川：〈山西襄汾陶寺發現四千年前「天文臺」〉，《中國社會科學院院報》2005 年 10 月 27 日，第 1 版。

一、晉南陶寺，華夏之源

　　山西是中華民族的重要發源地之一，被譽為「華夏文明搖籃」，晉南地區尤被認為是堯舜禹三聖故里。上古時期匼河文化、西侯度文化、丁村文化等舊石器文化、新石器文化和仰韶文化、龍山文化等都出自黃河流域。古籍載「堯都平陽」（現山西省臨汾市）、「舜都蒲坂」（現山西省運城市永濟市）、「禹都安邑」（現山西省運城市夏縣西北十五里之禹王鄉），皆為黃河流域三角地帶，加之晉南地區土壤肥沃、水源充足、氣候宜人，適宜人居住繁衍，因而孕育出上古文明，形成了中華文化的發源地。中華文明擁有五千年的悠久歷史，三皇五帝中的堯舜禹是比較著名的部落首領，他們在這片土地上帶領民眾繁衍生息，並運用智慧創造出輝煌燦爛的中華文化。晉南臨汾、運城地區遺存的大量堯舜禹活動遺址，還有根據傳說和史料記載新增的許多上古帝王文化景觀，成為當下發展區域文化的重要資源。如臨汾地區的堯廟、華門、堯陵、仙洞溝、帝堯古居等具有鮮明特色的堯文化景區，成為打造堯文化旅遊的重要資源。

　　古籍有載，帝堯是上古帝王之一，為陶唐氏。《尚書·堯典》裡記載：「允恭克讓，光被四表，格於上下。百姓昭明，協和萬邦。」[020]

---

[020]《尚書·堯典》，中華書局，2009，第 2 頁。

帝堯被後世認定為仁君的典範，以勤儉、樸素著稱，在他統治期間，政治清明、民風純樸。他曾設天文官職掌管曆象，命令羲和赴四方觀天象測日出日落，制定了曆法，敬授民時；他還召集眾多賢德人士協助他治理國家，如后稷做農師，教民耕種，皋陶作法官，夔作樂官，舜做司徒掌管教育，契掌管軍隊；他還命令鯀治理洪水。在他的帶領下，「揖讓之德、和合之道、詢謀之風、節儉之行」在民眾中得以踐行。正如遠古民歌〈擊壤歌〉所唱：「日出而作，日入而息。鑿井而飲，耕田而食。帝力於我何有哉！」[021] 除此之外，古籍中諸如《論語》、《孟子》、《史記》等著作中多有對於帝堯事蹟的記載，帝堯不僅是儒家尊崇的對象，也被視為中華文明的創始者之一。

關於堯舜禹的傳說在晉南廣泛流傳，陶寺遺址的發現更為傳說增添了可信度和可考性。著名考古學家蘇秉琦曾指出：「大致在距今 4,500 年左右，最先進的歷史舞臺轉移到了晉南。在中原、北方、河套地區文化以及東方、東南方古文化的交會撞擊下，晉南興起了陶寺文化。

它不僅達到了比紅山文化後期社會更高一階段的『方國』時代，而且確立了在當時諸方國中的中心地位，它相當於古史上的堯舜時代，亦即先秦史籍中出現得最早的『中

---

[021]　〔漢〕王充：《論衡·感虛篇》，商務印書館，1934，第 75 頁。

國』，奠定了華夏的根基。」[022] 陶寺遺址是典型的中國遠古城址，也是目前中國發現的最早的大型城址，總面積約有300萬平方公尺。從聚落形態上看，陶寺遺址內有宮殿區、倉儲區、祭祀區等，且宮殿建築在較高的臺基之上，這也是後世中國宮殿、衙門、廟宇所採用的建築模式，由此可見，陶寺遺址已具備構成「國都」的基本要素。除此之外，在陶寺城南還發現大型墓葬群，約有1,300座大小規模不一的墓葬，墓地有一定的布局和結構，可看出一定的等級區分，也表明當時這裡是人口眾多的聚居地。在陶寺遺址考古中還發現了古觀象臺，是最早的測日影天文觀測，印證了《尚書·堯典》中「曆象日月星辰，敬授民時」的記載。

陶寺還出土有眾多文物，最為著名的是彩繪蟠龍陶盤和有書寫符號的殘破的陶製扁壺。龍是中華文化中重要的圖騰符號，直到現在也常有人說自己是「龍的子孫」、「龍的傳人」，這是龍圖騰觀念在幾千年中國人觀念中的傳承。在陶寺遺址中發現的扁壺上有朱書文字，對探索中國文字起源有著不容忽視的價值。在陶寺遺址考古發現前，早期華夏文明、紛繁的遠古傳說在這片土地上流傳，但也僅僅是作為傳說而存在，遺址的發現則給予「堯都平陽」一說有力的證明，也為研究華夏文明提供了重要的資料。

---

[022] 蘇秉琦：《華人·龍的傳人·中國人 —— 考古尋根記》，遼寧大學出版社，2014，第243頁。

陶寺古城牆　攝於 2016 年 8 月 2 日

陶寺城門遺址　攝於 2016 年 8 月 1 日

二、帝堯城址，中國之始

　　《辭源》中解釋「中國」為：「華夏族建國於黃河流域一帶，以居天下之中，故曰中國。」堯舜時期，黃河流域一帶，尤其是晉南地區，居天下之中，被認為是「最早中國」所在地。最初的中國包含兩個方面的內涵，一是政治上是國家形態，二是地理位置上為「地中之國」。[023]

---

[023] 高江濤：〈陶寺所在晉南當為「最初中國」〉，《中國社會科學報》2018 年 7 月 16 日，第 5 版，第 2 頁。

　　傳說當時各地首領前來堯都朝拜，由於孟門未鑿，暴雨狂下，黃河洪水流瀉不暢因而猛漲，越過呂梁山順著河谷溝壑直奔晉南，由此可見都城自然不會建造在汾水兩岸的盆地地區。陶寺地處高垣，自古就流傳有「安李陶寺，叫人跑死」、「千安李，萬陶寺」[024] 的說法，說明上古時期的陶寺地勢高、人多地廣，很有可能就是帝堯建都之地。

　　史書典籍的記載也可為陶寺是帝堯之都提供佐證資料。《左傳》記載：「夏書曰：唯彼陶唐，帥彼天常，有此冀方。」[025] 杜預注：「唐、虞及夏同都冀州。」[026]《淮南子·墜形訓》高誘注：「冀州曰中土。冀，大也，四方之主，故曰中土也。」[027] 古代冀州即為山西和陝西兩省之間的黃河以東地區，即今天的臨汾與運城地區，《爾雅·釋地》載：「兩河間曰冀州。」[028]《漢書·地理志（下）》也有記載：「河東土地平易，有鹽鐵之饒，本唐堯所居，詩風唐、魏之國也。」[029] 歷史上所載「堯都平陽」。帝堯所居及所都之地，基本在黃河的東汾河流域中下游區域，即今山西臨汾地區，

---

[024] 陳玉士、喬建軍：《龍鄉陶寺》，山西人民出版社，2005，第 13 頁。
[025] ［春秋］左丘明撰、蔣冀騁標點：《左傳》，岳麓書社，1988，第 397 頁。
[026] ［清］姚培謙撰：《春秋左傳·春秋左傳杜注·卷第 28-30》，中華書局，第 12 頁（下）。
[027] ［漢］劉安著、［漢］高誘注：《淮南子》，上海古籍出版社，1989，第 39 頁（下）。
[028] ［晉］郭璞注：《爾雅》，上海古籍出版社，2015，第 103 頁。
[029] ［東漢］班固：《漢書》，中州古籍出版社，1996，第 578 頁。

陶寺城址位於臨汾市南部，歷史記載這與所發現的陶寺遺址地理範圍是相吻合的。

陶寺遺址最初發現於 1950 年代，至今已有 70 餘年，正式挖掘於 1978 年，距今已有 50 餘年。先後一批批考古工作者在陶寺挖掘、考證，清理出規模宏大的城址、分布規律的宮殿、大型的墓葬群等，距今約 4,300 年到 3,900 年，實證了陶寺悠久的歷史、中華文明古老的發源。經考古整理後，陶寺遺址面積約 300 萬平方公尺，平面呈圓角三角形分布。城址包括：宮殿區、倉儲區、手工業作坊區、墓葬區和祭祀區等。

陶寺遺址復原微景觀　攝於 2019 年 5 月 4 日

由於年代久遠，陶寺所挖掘的城邑也歷經多次拆遷和重建，即便如此，城址遺跡的重見天日仍可看出當時城邑規模的宏大，各類代表性建築物的出土，更加證實陶寺城址不僅

僅是一座城邑，更是「都城要素最完備」的大型城址。史學界界定唐堯年代約在西元前 2500 年至西元前 2250 年，夏王朝開始的年代約在西元前 2070 年，這樣看來，陶寺城址存在年代與堯時代非常接近。再從陶寺城址遺跡的規模看，這座城邑占地面積大、各項功能區分布明確嚴整，城邑所在區域人口眾多，這為堯文化的研究提供了科學佐證，也讓我們窺探到堯舜時期文化存在的物質形態。

陶寺作為帝堯建都之處，除了城牆遺址的發現外，還發現有象徵權威與權力的王者之器 ——「特磬」和「鼉鼓」，據考證這是陶唐氏的樂器，是陳列於廟堂之上的樂器。此外，從陶寺的墓葬群的埋葬習俗及出土的陶器、木器和石器，與文獻中記載的帝堯陶唐氏時期的埋葬制度大體相似。《墨子·節葬（下）》記載：「子墨子制為葬埋之法曰：棺三寸，足以朽骨；衣三領，足以朽肉；掘地之深，下無菹漏，氣無發洩於上，壟足以期其所，則止矣。」[030]《漢書·楊胡朱梅雲傳》也載：「昔帝堯之葬也，窾木為櫝，葛藟為緘，其穿下不亂泉，上不泄殠。故聖王生易尚，死易葬也。」[031]這些記載，均說明帝堯葬俗儉約，墓穴挖得不深，木棺不厚不大，這與陶寺墓葬情況大致相同。陶寺墓地位於崇山西麓

---

[030]［春秋戰國］墨子：《墨子》，中華書局，1947，第 26 頁。
[031]［東漢］班固：《漢書》，中州古籍出版社，2004，第 866 頁。

的山坡上，墓葬均為長方形土坑豎穴，有大中小三種類型。

大型墓一般長 2.9 至 3.2 公尺，寬 2 至 2.75 公尺，墓坑深度多在 1 公尺以上，基本格局符合「下毋及泉」的情況。在器物方面，陶寺墓地和遺址出土的陶器、木器和石器，與文獻中記載堯舜禹時期製作、使用的器物有相似之處。史籍記載堯舜時期飲食器皿使用土甌、土盆、土簋、土瓶之類的陶器。陶寺遺址則出土有灶釜、鼎、鬲、甑、缸、瓦、罐、壺、瓶、盆、盤、豆、碗、杯等各類日常所用陶器，即為文獻中記載的土甌、土盆、土瓶等。

《韓非子·十過篇》也記載：「堯禪天下，虞舜受之，作為食器，斬山木而財之，削鋸修之跡流漆墨其上，輸之於宮以為食器。」[032]「舜禪天下而傳之於禹，禹作為祭器，墨漆其外而朱畫其內……觴酌有采而樽俎有飾。」[033] 這些記載說明堯舜時期已使用上漆的器具，祭器上也有紋飾。在陶寺遺址早期出土有彩繪木器和陶器，一般以黑色陶衣為地，與「流漆墨其上」、「墨漆其外」的記述相符合。同樣，在出土的這些器物上，還繪有紅、黃、白色彩，與記載的「墨漆其外而朱畫其內」基本相同。現在臨汾一帶還有黑陶工藝品製作，成為當下旅遊開發的資源之一。

---

[032] ［戰國］韓非：《韓非子》，上海古籍出版社，1996，第 38 頁。
[033] ［戰國］韓非：《韓非子》，上海古籍出版社，1996，第 38 頁。

陶寺城址及出土文物顯然已表明它具備最初中國的形態，即便是司馬遷所說的以黃河三角洲為核心的河東、河南和河內「三河」地區，華夏文明涉及範圍逐步擴大，華夏文明在黃河長江流域發展壯大，諸如黃河中上游的齊家文化、黃河下游的大汶口龍山文化、長江上游三星堆文化、長江中游石家河文化、長江下游的良渚文化及西遼河流域的紅山文化，但追溯其源頭，無疑是在陶寺。[034]

以陶寺文明為代表的中原文化兼容並蓄、海納百川、生生不息，形成了華夏文明的主脈。陶寺遺址的發現，豐富了堯舜文化的內容，又因其處於黃河中游汾河下游的中心地域，與丁村遺址相鄰，無論是從文獻資料還是考古資料來看，陶寺無疑是華夏文明的直接源頭和中華民族的發源地，古老的祖先在這裡耕作繁衍，最早中國從這裡開始，堯舜禹時代進入文明時期從這裡開始。陶寺遺址文化歷經 4,000 多年的風雨，已不僅僅是被埋沒的廢都，它是輝煌的華夏文明起源之地。

---

[034] 李琳之：〈最初中國緣起陶寺遺址〉，《前進》2018 年第 12 期，第 26 頁。

三、觀天祭神，敬授民時

　　《尚書·堯典》記載堯在位時：「乃命羲和，欽若昊天，曆象日月星辰，敬授民時。」[035] 帝堯告訴羲氏、和氏一定要認真記錄日月星辰的變化，掌握其規律，並如實地把時令告訴民眾。羲和遵從帝堯的指令，採用一定的方法觀測日月星辰的天象變化，具體為：「日中星鳥，以殷仲春」、「日永星火，以正仲夏」、「宵中星虛，以殷仲秋」、「日短星昴，以正仲冬」[036]，透過觀測鳥、火、虛、昴四顆恆星在黃昏時正處於南中天的日子來劃分季節，劃定出春分、夏至、秋分、冬至四個節氣。《尚書·堯典》還記載：「期三百有六旬六日，以閏月定四時成歲。允釐百工，庶績咸熙」[037] 曆法規定一年有 366 日，將閏月曆法與四季節氣做了調整，春夏秋冬四時不差。羲和根據觀測到的日月星辰的變化規律制定出曆法，頒布天下，使農事活動能夠根據曆法的變化準確進行，稱為「敬授民時」。

　　《尚書·堯典》的記載僅僅是作為史料為人們所知，是否真實存在有觀測日月星辰的實證，在陶寺古觀象臺發現之前人們也只是猜想，或是認為記載僅僅是傳說，不足為證。2003 年，考古人員在陶寺遺址考古中發現了陶寺祭天的遺

---

[035]《尚書·堯典》，中華書局，2009，第 3 頁。
[036]《尚書·堯典》，中華書局，2009，第 4-7 頁。
[037]《尚書·堯典》，中華書局，2009，第 8 頁。

址，位置在陶寺城址的東南方，占地面積約 1,740 平方公尺，祭祀基址是三層圓形夯土建築，作用是觀天授時兼有祭奠功能。在祭天遺址中最重要的禮制建築就是古觀象臺，距今約 4,700 年。古觀象臺由 13 根夯土柱組成，呈半圓形，半徑約 10.5 公尺，弧長約 19.5 公尺。觀象臺的原理是：從觀測點透過夯土柱之間的縫隙觀測對面塔兒山的日出方位，從而確定季節、節氣，安排農事。最上層基址有 11 根夯土測柱，弧頂向東，柱與柱之間有 15 至 20 公分的間隙，即為觀測縫，各觀測縫中心線延長向內相交於臺基，向東延伸與對面塔兒山相連接。

經過考古工作人員長時間的實地觀測，發現第二個觀測縫看到日出為冬至日，第十二個觀測縫看到日出為夏至日，第七個觀測縫看到日出為春分、秋分日。除了第二個觀測縫和第十二個觀測縫各用一次外，其餘九道縫各用兩次，也就是說，可以觀測到一個太陽回歸年的 20 個節氣。這些觀測縫可以看到冬至、夏至、春分、秋分等可以指導大豆、黍、粟等農作物播種和收穫的重要節令的日出，表明早在 4,000 多年前，古人就已找到觀測天象變化的觀測點並用來輔助農業生產。除了觀象臺之外，在陶寺遺址還發現有測量正午日影的工具「圭表」，2009 年考古天文學項目工作者利用「圭表」1：1 複製品進行測量驗證，測量日影成功，進一步驗證了《尚書·堯典》的記載。古觀象臺測量日出方位、圭表測量正

午日影，在陶寺發現的這兩套天文測量系統，即可說明上古時期陶寺地區「敬授民時」的真實性，也表明陶寺遺址即為帝堯都城。

復原後的陶寺古觀象臺 柴書毓攝於 2017 年 6 月 18 日

陶寺古觀象臺是目前考古發現的最早的觀象臺，比世界上公認的英國巨石陣觀測臺（西元前 1680 年）早近 500 年。[038] 觀象臺所在位置正是陶寺祭天遺址所在地，以觀象授時的觀象臺為核心，並兼具祭壇功能，多位專家認同陶寺遺址與天文觀測和古代祭祀活動有關。在這裡需要說明的是，上古時期，王者通常將宗教和政治結合起來控制社會，「民神雜糅」的現象十分普遍，也只有如此，王權才有權威性和號召力。觀象臺在當時作為觀測與祭祀的場所存在，是王權透過觀天測象來「授民以時」，並利用宗教控制社會經濟文化生活。

---

[038]　昃文川：〈山西襄汾陶寺發現四千年前「天文臺」〉，《中國社會科學院院報》2005 年 10 月 27 日，第 1 版。

四、蟠龍陶盤，圖騰崇拜

龍是中華民族古老的圖騰，是中華民族的重要標誌。「圖騰」即為「原始社會的人認為跟本氏族有血緣關係的某種動物或自然物，一般用作本氏族的標誌。」圖騰文化作為古老的民俗文化，是上古時期氏族社會對於本族由來、氏族標誌的原始崇拜。伏羲龍身、女媧蛇身，均為龍圖騰，上古帝王黃帝、堯、舜、禹也為龍圖騰，這些古老的祖先，都被看作是龍圖騰。在長達數千年的歷史演化中，對龍的崇拜從氏族部落的圖騰演變為王權的象徵，更具神祕色彩。

中華民族五千年文明史中，龍是作為民族精神的展現，是民族凝聚力的來源，龍圖騰在中國古代政治、經濟、文化等方面造成重要的影響，更在中國貫穿古今的文化史上具有舉足輕重的作用。

1980 年陶寺遺址大型墓中出土了彩繪蟠龍的陶盤，是迄今為止中原地區有關龍圖案的最早標本，對於研究龍圖騰崇拜的起源和陶寺遺址的文化屬性具有重要的價值。[039] 蟠龍紋陶盤為泥製褐陶，或黑陶衣，盤壁斜收成平底，內壁磨光，以彩或紅、白彩繪出蟠龍圖案。蟠龍陶盤高 8.8 公分，口徑 37 公分，底徑 15 公分。盤底彩繪龍紋為一條捲曲身、雙行

---

[039] 中國社會科學院考古研究所山西工作隊、臨汾地區文化局：〈1978-1980 年山西襄汾陶寺墓地發掘簡報〉，《考古》1983 年第 1 期。

麟甲、有鰭、張口露齒、口銜羽毛的龍，圖案整體線條勻稱、風格古樸、神態生動。

「龍紋在盤的內壁和盤心作盤曲狀，頭在外圈，身向內捲，尾在盤底中心。與商周蟠龍紋銅盤的龍紋比較，構圖略有不同，後者是頭在盤底中心，身向外捲，尾在最外圈，在表現手法上更接近蛇類的自然習性。從陶寺蟠龍的具體形象看，作蛇軀鱗身，方頭，豆狀圓目，張巨口，牙上下兩排，長舌外伸，舌前部呈樹杈狀分支，有的在頸部上下對稱繪出鰭或鬣狀物，與商周蟠龍的明顯區別是無角，也無爪。這同其盤曲的形態一樣，也是陶寺龍紋具有一定原始性的反映。從身、尾、目的形狀和它口吐長信的特徵看，很像蛇，但從方頭、巨口、露齒看，又與鱷魚接近。從而可以看出，陶寺蟠龍的模樣，不是一種動物，而是兩種或兩種以上動物的綜合體。」[040]

蟠龍陶盤 —— 臨汾博物館藏
攝於 2018 年 10 月 5 日

---

[040] 高煒、高天麟、張岱海：〈關於陶寺墓地的幾個問題〉，《考古》1983 年第 6 期，第 536 頁。

　　還有學者認為陶盤的蟠龍圖案是以蛇為主體，綜合了
鱷、羊、鳥等動物的部分特徵組成的複合圖騰，[041] 是一個大
的部落聯盟的共同族徽，也是祭器和神權的象徵。

　　陶寺出土的彩繪蟠龍紋陶盤即是龍圖騰崇拜的表現，這
與帝堯時期崇拜赤龍圖騰是一致的。相傳堯的母親慶都和赤
龍相交生下帝堯，堯部落崇拜赤龍，赤龍也成為陶唐氏圖騰
的象徵。關於堯的出生，文獻多有記載：

　　《太平預覽》引《春秋合誠圖》：「帝堯之母曰慶都，生而
神異，常有黃雲覆上。」[042]

　　羅泌《路史》也有記載：「帝堯陶唐氏，姬姓，高辛氏第
二子也。母陳豐氏，曰慶都，嘗觀三河之首，赤帝顯圖，奄
然風雨。慶都遇而萌之，黃雲覆之，震，十有四月而生於丹
陵，曰堯，是曰放勛。」[043]

　　《漢碑·成陽靈臺碑》記載：「唯帝堯母，昔者慶都，兆
舍穹精，氏姓曰伊……遊觀河濱，感赤龍交，如生堯，厥後
堯求祖統，慶都告以河龍。」[044]

　　《潛夫論·五德志》記載：「後嗣慶都，與龍合婚，生伊
堯，代高辛氏，其眉八彩，世號唐。」[045]

---

[041]　王克林：〈龍圖騰與夏族的起源〉，《文物》1986 年第 6 期，第 56 頁。

[042]　［宋］李昉：《太平御覽》，中華書局，2000，第 68 頁。

[043]　［南宋］羅泌：《路史》收於［清］《四庫全書》「史部」卷二十。

[044]　［清］李兆洛選輯、楚生點校：《駢體文鈔》，中州古籍出版社，1992，第
503 頁。

[045]　郭超主編：《四庫全書精華·子部》，中國文史出版社，1998，第 1220 頁。

　　《竹本紀年》記載：「帝堯陶唐氏，母曰慶都，生於斗維之野，常有黃雲覆其上。及長，觀於三河，常有龍隨之，一旦龍負圖而至，其文要曰：亦（赤）受天祐。眉八彩，鬢髮長七尺二寸，面銳上豐下，足履翼宿。既而陰風四合，赤龍感之，孕十四月而生堯於丹陵，其狀如圖。及長，身長十尺，有聖德，封於唐。」[046]

　　從慶都感應生堯的記載可清晰地看出，上古神話中始祖誕生源於感應生子，這也是上古社會圖騰崇拜觀念的表現。在中國文化龐大的神話體系中，這類神話比較常見，如「女狄吞月精而生禹」女狄吃下月的精華而生出禹；炎帝降生是其母任姒「游華陽，有神龍首感，生炎帝」……上古時期氏族首領的誕生無疑不是充滿神奇色彩，這些始祖祖先也不無帶有「神格」。在後世君主中，他們的出生也多蒙上一層神祕的感生神話面紗，且帝王往往被視為龍，「真龍天子」、「龍種」、「龍顏」、「龍體」等一切都與龍有關，這既是受歷史文化的影響，又是鞏固政權的現實需要。

　　回歸帝堯的誕生，上述記載不免有將帝堯神化的成分，認為他是由赤龍或河龍所生，但從另一個方面不難看出，帝堯時期確有將龍視為圖騰的痕跡。在陶寺四座大型墓中出土的彩繪木盤，內壁磨光，以紅彩和白彩繪成的蟠龍，同樣形

---

[046]　［梁］沈約注、［清］洪頤煊校：《竹書紀年》，商務印書館，1937，第 3 頁。

為方頭、巨口、圓目、長舌外伸、無角、巨爪，是文化研究史上最早見到的龍形象之一，這為研究龍圖騰崇拜的起源提供了較為原始的證據，對於探討陶寺遺址的文化屬性具有重要的價值。

五、扁壺朱書，人文教化

文字是人類社會發展到一定階段的產物，文字的出現是人類文明的開始，是文治教化的重要工具，它打破了口語傳承的時空局限，使文明能夠以符號的形式傳承。文字歷經從象形圖畫到成熟的文化體系的發展過程，通常認為人類最早的文字是商代的甲骨文，但近些年越來越多的考古發現證明，商代甲骨文並不是中國最早的文字，文字的起源可追溯到更早的年代。

在陶寺遺址出土的文物中，有一件殘破的陶製扁壺，1984 年出土於陶寺遺址灰坑 H3403，距今約 4,000 餘年。該器皿乍一看和普通生活用具並無區別，但是在它的正面和背面同時發現了朱書符號，這賦予這個看似普通的扁壺極大的價值。在扁壺鼓腹面凸起的一側，用硃筆寫有一「文」字。殷墟甲骨卜辭中就出現此「文」字，陶寺出土的扁壺朱書上的「文」字字形和甲骨文上的「文」字極為相似，這足以說

明早在商代甲骨文之前，就產生了初始階段的文字符號，由此證明文字有著更久遠的發展史。扁壺另一側也有用硃筆寫的字，多被解釋為「易」字或「堯」字，考古專家根據陶寺遺址周圍所處的環境，更傾向於此字是「堯」字的說法。[047] 因為陶寺城址是處在黃土塬上有著高大城垣的城邑，這與《說文解字》中的「堯」的本意接近。也有學者認為扁壺上的「文」與「堯」是堯後人追憶先祖的稱謂，是對帝堯豐功偉業的記錄。陶寺遺址出土的扁壺朱書文字，因在陶上，也被稱為「陶文」。

　　結合 4,000 年前帝堯時期的歷史背景，陶寺遺址出土扁壺上的朱書文字就有了極大的文化內涵，加之陶寺城址和古觀象臺的發現，表明當時社會生產力已有較高的水準，為文字的產生奠定了豐碩的物質和文化基礎。[048] 陶寺朱書文字的發現，為中國文字發展史塗抹上濃墨重彩的一筆，對於研究中國文字的起源有著重要的意義。

　　陶寺遺址文化中彰顯人文禮制的除了朱書文字、觀象臺、蟠龍紋陶盤外，還有銅鈴、樂器等文物，可看作當時社會政治、禮制文化的真實反映。觀象臺用於觀天授時和祭祀神靈，可說明當時已有曆法和節令來輔助農業生產，促進了

---

[047]　何駑：〈陶寺遺址扁壺朱書「文字」新探〉，《中國文物報》2003 年 11 月 28 日。
[048]　李建民：〈陶寺遺址出土的朱書「文」字扁壺〉，《中國社會科學院古代文明研究中心通訊》2001 年 1 月第 1 期。

農耕文明的發展；陶盤上的蟠龍紋既是圖騰崇拜的表現，也代表了帝堯的身分，更為中華民族作為「龍的傳人」的說法增添實證；陶寺還出土有銅鈴，銅鈴在古代一般在宣布政教法令和戰爭時使用，大多懸掛於高處位置；陶寺遺址出土的代表性樂器「特磬」和「鼉鼓」，是當時的重要禮樂器，經測試，特磬可以敲出六個音色，說明帝堯時期「韶樂」是存在的，可視為「國樂」的一種，這表明當時已有一定的禮樂儀式和制度存在，可見當時的陶寺已經是具有一定文明程度的氏族部落。

墓葬文化同樣也是古代禮儀文化的一種。在陶寺出土占地近三萬平方公尺的大型墓葬群，墓葬約有一千餘座。墓葬規格嚴密，有大型王墓、中型墓、小型墓等，由墓葬規格和隨葬物品可看出墓主的不同身分，進一步可看出社會結構的變化程度，已出現官職大小、貧富差異的現象，有說法認為從墓葬規格可看出當時已經出現階級分化，人類社會進入新的階段。

陶寺遺址文化同樣反映出古時人們的審美意識，也可作為儀禮文化的一種表現。在陶寺遺址中，出土了大量的器具，既有生產生活的實用器具，也有繪有裝飾的禮儀器具，可以看出文化藝術和審美情趣已經滲透到當時人們的生活中，如彩繪雲雷紋陶壺，用紅、白、黑繪出雲雷紋，壺頸下

一圈繪有紅色條帶，陶壺整體有序，紋飾美觀，是禮儀器具的一種。再如彩繪木器、陶器，木製器具包括鼓、盤、豆、斗、匣等各式各樣的器具，既有單色的圖案，也有白、紅、黃、黑、藍等多色圖案。彩繪陶器有壺、盤、盆、罐、豆等器具，多為禮制用具。通常繪有紅、黃、白、藍等色，紋飾更是多樣，有圈點紋、條帶紋、幾何紋、雲雷紋、龍紋等，圖案較抽象，多種紋樣勾連，十分精美。[049] 整體來看陶寺出土的器具，其中既有造型美觀的盛物器具，如圓足罐、甕、缸、盆等，也有厚重莊嚴的禮制用具，種類繁多、造型各異。是當時居住在這裡的人們對文化、生活、大自然的理解與表達，並且表明他們有了對日常生活的審美意識。

陶寺遺址出土「鼉魚鼓」——臨汾博物館藏，攝於 2018 年 10 月 5 日

[049] 王巍：《中國考古學大辭典》，上海辭書出版社，2014，第 249 頁。

陶寺遺址出土「折腹彩繪陶盆」——臨汾博物館藏，攝於 2018 年 10 月 5 日

陶寺遺址出土「繩紋灰陶斝」——臨汾博物館藏，攝於 2018 年 10 月 5 日

陶寺遺址出土「彩繪雙耳罐」——臨汾博物館藏，攝於 2018 年 10 月 5 日

　　中華民族素有「禮儀之邦」的美譽，陶寺遺址文化的種種表現，把中國的禮儀制度提前到帝堯時期，無論是文字、曆法、禮儀器具等，其中都蘊含著文明的內涵，文明與禮儀在 4,500 年前的陶寺就已出現並有了一定程度的發展。所有這一切更進一步為堯文化的存在提供了實證，再結合平陽大地上流傳的眾多帝堯傳說：堯都平陽、堯制農曆、誹謗木、帝堯訪賢、帝堯嫁女等，可以看出堯文化在晉南地區的傳承與發展。作為陶寺文化時期古平陽地區的部落聯盟首領，帝堯也因其功績被後世稱為民師典範、文明始祖。

六、陶之文明，龍鄉帝都

歷來學者對帝堯文化的研究多從考古證據、史書記載和民間傳說等方面展開，這幾個方面互相融會、互相印證。相比史書記載和民間傳說，考古證據更具說服性和實證性。陶寺遺址的發現證實了史書所記載帝堯時期的社會狀況和歷史風貌，也使口耳相傳的帝堯神話傳說更加具有地域代表性，證實了陶寺是帝堯時期政治、經濟、文化中心，是「帝堯之都」，陶寺遺址文化即代表了帝堯文明。

陶寺遺址文化表明帝堯時期的社會形成了一定的價值體系，為人文教化、社會穩定和人們精神世界的充實發揮了重要的作用，基本奠定了華夏民族的價值認知體系。[050] 出土的眾多文物彰顯出帝堯時期的禮儀制度和文明演化，是社會文化、政治經濟的反映。遺址中的墓葬規格和隨葬品顯示出帝堯時期禮儀制度的完善，隨後更進一步規範化，也就有了祭祀天地山川、祖先、圖騰、殯葬儀禮和君臣之禮等眾多禮法。[051] 陶寺古觀象臺的發現，真實地還原了帝堯時期「敬授民時」的情景，也讓人們看到祭祀神靈的實證。觀象臺可觀象可祭天，具有民神雜糅的性質，在傳播農事曆法的同時，

[050] 杜學文：〈陶寺文化與華夏文明的形成〉，《太原日報》2018 年 5 月 21 日，第 7 版。
[051] 陳玉士、喬建軍：《龍鄉陶寺》，山西人民出版社，2005，第 29 頁。

也凝聚了民心，同樣是帝堯文明的重要元素。墓葬出土的眾多器樂無不是陶寺帝堯禮儀文明的重要表現。陶寺出土的眾多器樂作為當時重要的禮樂器，是禮儀文化的重要表徵。

研究陶寺文化的眾多論著中，認為陶寺文化是帝堯文化的占大多數。有人將陶寺遺址文化總結為「三個根」，首先是「中國之根」，陶寺古城址證明帝堯建都陶寺，而陶寺地區處於黃河中游，故「中國」之根在陶寺；二是華夏龍祖之根，陶寺出土的彩繪蟠龍紋陶盤是帝堯時期龍圖騰崇拜的表現，作為中華民族精神的「龍文化」即從堯始；三是農業文明之根，陶寺古觀象臺即是最有力的佐證，帝堯派羲和分赴四方觀測天象，制定出「四時閏歷」，敬授民時，教民稼穡，農業文明始於帝堯時期。[052] 由此可見，陶寺遺址文化確立了陶寺帝堯文化的地位。陶寺遺址文化中所包含的禮儀、制度、信仰、道德等也成為華夏傳統文化的基本精神核心。

七、保護開發，遺址活化

陶寺遺址呈現出帝堯時期的文明脈絡，具有考古價值的同時，還具有豐富的旅遊開發價值，陶寺遺址文化的旅遊產業開發近幾年略有發展，圍繞陶寺遺址文化，打造「最早中

---

[052]　陳玉士、喬建軍：《龍鄉陶寺》，山西人民出版社，2005，第 2 頁。

國」的定位，吸引各地科學研究團隊前來感受帝堯時期的文明與輝煌。

　　現階段對於陶寺遺址文化的保護開發，主要有以下幾個方面：

1. 對陶寺遺址文化資源的保護性挖掘與展示

　　強調對遺址的原真性和完整性的保護，在原址修復的過程中以不對未來考古產生任何影響為前提，採用科學保護為主、合理展示為輔的方式對陶寺遺址文化資源進行永續的規劃、保護與經營。在遺址的挖掘過程中，開挖、回填均遵守一定的要求，同時對出土文物進行保護、修復和相應的研究，遵守不改變文物原貌、最小干預、預防性保護為主的原則。

　　2017 年 12 月 2 日，陶寺考古遺址公園被正式列入第三批中國國家考古遺址公園立項名單，在建設中要求在公園建設規模、功能定位、展示主題和營運模式上進行規劃。陶寺考古遺址公園建設一期的內容為古觀象臺展廳工程，包括陶寺遺址綜合展示中心、木棧道、農耕區服務點等，在建設的過程中強調謹慎保護，對古城牆遺址不得損壞。規劃中的陶寺遺址公園要帶動周邊區域產業轉型，並結合周邊村鎮的基礎設施建設和旅遊服務設施建設等，與當地社會經濟發展狀

況、文物旅遊資源和自然景觀等相融合，保護展示工程設施效果和最新考古研究成果，重點展現陶寺遺址作為中華文明起源關鍵階段的核心聚落地位。

　　在基礎設施建設上，同樣兼顧對遺址的保護。如陶寺旅遊公路的拓寬改造，遵守與遺址景觀相協調的原則，公路施工設施遠離陶寺遺址建設地區。同時針對遺址文物制定出應急預案，盡量減少和避免公路施工帶來的影響。從公路建設本身來看，這是為促進陶寺旅遊而進行的交通建設，是與陶寺遺址文化開發相配套的基礎設施建設工程，既展示了遺址格局，同時具有方便當地民眾生活、服務地方旅遊等的功能。

2. 陶寺遺址文化資源景觀化

　　這裡所說的遺址文化資源景觀化是指在遺址原址基礎上對遺址進行保護性修復，使其得以展示遺址的基本樣貌、功能，讓人有身臨其境的真實感，還有利用遺址文化資源另闢蹊徑，設計出微縮的遺址景觀等。

　　現階段關於陶寺遺址文化資源景觀化的具體方式有如下幾個方面：

1　陶寺觀象臺。在陶寺古觀象臺遺址基礎上進行，是陶寺考古遺址公園的組成部分之一。「考古遺址公園」是指以

重要考古遺址及其背景環境為主體，具有科學研究、教育、休憩等功能。陶寺觀象臺的復原是向公眾展示帝堯時代人們觀天測象的景況，每逢重要時令節點吸引攝影愛好者、歷史文化愛好者、科學研究者等人群前來觀日出，感受帝堯時期「敬授民時」的智慧魅力。

2. 陶寺遺址微縮景觀。陶寺遺址微縮景觀在陶寺考古宮殿區不遠處，是按照 1：200 的比例營建的陶寺遺址宮殿區微縮景觀，展示出陶寺遺址的整體格局和地理景象的基本風貌。

3. 觀象臺模型和龍盤雕塑。在襄汾縣城濱河公園內塑有陶寺遺址觀象臺模型，另有根據陶寺出土蟠龍紋陶盤製作的巨型龍盤雕塑，均旨在展示和宣傳陶寺遺址文化。

4. 二十四節氣圖。在臨汾市堯廟景區中，宮前堯門通道兩側刻有象徵日月星辰的石雕和二十四節氣日曆圖，是展示帝堯文化的重要景觀，也是陶寺遺址文化與城市地標性文化相結合的措施。

5. 文物雕塑。在堯廟內堯宮甬道兩側，布置有大量陶寺文化仿製品，包括生產工具、生活器具、禮儀用品和樂器等，根據遺址出土的文物進行景觀雕塑再造，反映帝堯時期生產生活和文化狀況，也使堯廟景區展示的帝堯文化更為豐富。

襄汾丁陶文化廣場　柴書毓攝於 2019 年 6 月 9 日

古觀象臺微型景觀　柴書毓攝於 2019 年 6 月 9 日

蟠龍龍盤雕塑景觀　柴書毓攝於 2017 年 7 月 30 日

3. 陶寺遺址文化資源的活化利用

　　「讓文物活起來」是當下各地對於地方文化資源的保護、利用與開發的重要措施，是讓沉睡的文化資源真正發揮出它們所具有的各項價值，既是傳承弘揚悠久的歷史文化，也是拉動經濟成長的潛在路徑。當下對於陶寺遺址文化資源的活化利用主要涉及以下幾個方面的內容：

臨汾博物館模擬古觀象臺觀測二十四節氣　攝於 2018 年 10 月 5 日

1 博物館展示。臨汾市博物館主體建築採用了日月同輝的設計理念，中心建築是象徵太陽的圓形，附屬建築則是彎月形。博物館的第二展廳展示的是以陶寺遺址為主的「堯都平陽」的各種實證。在廊道中還用若干「最早」標明「最早中國」得以成立的重要原因，有：世界最早的觀象臺、世界最早的圭表、中國最早的天下觀、中原

地區最早、功能區劃最完備的都城、中原地區最早的甕城城門、中國最早的凌陰、中國最早的板瓦、中國最早的東廚宮室制度、中國最早的陰陽八卦宇宙觀影響城址規劃、中國最早的漢字、中國最早的禮樂制度性組合群等近 24 個「最早」。同時運用數位方式來解讀古人的智慧，如電子沙盤展示陶寺遺址、設計的大型 3D 裸視平臺展示的陶寺觀象臺並配有講解影片、採用 AR 技術讓人們體驗遠古時期陶寺先民生活和狩獵的場景，更讓參觀者有身臨其境之感。除此之外，臨汾市博物館還展示陶寺出土的各類文物。

2 陶寺文化講座。臨汾市在博物館報告廳設立「平陽講壇」，邀請歷史文化領域和考古領域的相關專家開展文物系列公益講座。在這一系列的文化講座中，和陶寺遺址文化相關的講座不在少數，如〈輝煌的堯文化〉、〈山西歷史地位及文化區域〉、〈堯立中國〉、〈「龍」與「中國」從哪裡來〉等。

3 陶寺校外教育活動。正所謂「讀萬卷書，行萬里路」，故而實地訪查成為當下對學生教育的重要學習方式相關課程，吸引周邊地區學生前來感受陶寺遺址文化的歷史氣息。陶寺科學研究所設課程包括觀象臺授課、遺址內踏察、尋找遺跡遺物和考古現場體驗等內容，旨在展

示遺址文化、宣傳文化遺產保護知識，這促進了陶寺遺址文化資源活化，讓更多民眾走進陶寺遺址、了解陶寺文化。

「最早中國」校外教學　馬佳攝於 2019 年 7 月 17 日

第二章　遺址文化—龍鄉陶寺帝堯都

第三章
農耕文化 —— 篳路藍縷創史話

　　《帝王世紀》記載:「帝堯之世,天下大和,百姓無事。有八九十老人,擊壤而歌。」這位八九十老人唱著:「日出而作,日入而息。鑿井而飲,耕田而食。」這首〈擊壤歌〉廣泛地被人們認為是帝堯時期農耕文化的反映,是遠古先民吟唱田園生活的歌謠。與此相得益彰的還有一首〈康衢謠〉:「立我臣民,莫匪爾極,不識不知,順帝之則。」在帝堯治理時期,百姓衣食無憂,民眾順應自然法則生活。在臨汾一帶相傳〈擊壤歌〉的發生地在與陶寺毗鄰的鄧莊鎮席村。據傳這裡是堯王的老師所住的村莊。至今有唐代遺存的「永古鄉賢席老師村」石碑。〈康衢謠〉所唱之處為臨汾市堯都區康莊村,在康莊學校東南角曾立有一民國十年(1921 年)的「擊壤碑」,上面碑文即為〈擊壤歌〉詩文。[053] 遠古歌謠的流傳可看出帝堯文化在臨汾一帶影響之根深蒂固。

　　4,000 多年前,陶寺所在的崇山地區氣候濕潤,植被繁茂,龍山時期的人們在這裡生活著,他們遵守天時,種植五穀,飼養各類家畜,農耕文化在這裡得到發展。在陶寺遺址所在的臨汾盆地周邊地區,還發現與陶寺遺址文化性質類似的曲沃縣方城遺址、東許遺址等,分布在崇山西麓和東南麓 [054],這說明在龍山文化時期的崇山周圍存在有一定規模的

---

[053]　王天然:《三晉石刻大全·臨汾市堯都區卷》,三晉出版社,2011,第 289 頁。
[054]　山西省考古研究所:《山西考古四十年》,山西人民出版社,1994,第 103 頁。

氏族部落，由此孕育出古老的中國文明。在陶寺遺址中發現了不少房基遺存，有半地穴式和窯洞式等，住所遺址附近還有窖穴、陶窯、石灰窯、水井等生產生活基本設施，能鑿井取水，表明當時的人們已經有能力在遠離河流的地方生存定居，代表人類在改造自然的進程中又向前邁進了一步。[055]

帝堯能夠建都於平陽，考古資料就已經說明，晉南地區出土有舊石器初期的西侯度文化、匼河文化、中期的丁村文化、末期的下川文化以及芮城地區的仰韶文化、襄汾陶寺文化（龍山文化）等，這些遺址文化的時間跨越了幾乎整個人類發展史。晉南地區這些遺址中出土的石物、陶器、青銅器、玉器、樂器以及房屋基址、墓葬等足以證明這裡是華夏民族文明的源頭，是農耕文明的重要發源地之一。

農業的發展是古代文明社會形成和發展的基礎和動力，農耕文明是中華文明的重要特徵，影響了中華民族民眾的生活方式、思維方式和文化傳統。關於陶寺農耕文化，我們將其放到帝堯時期來談，即陶寺遺址所在的時代 —— 龍山文化時代。龍山文化屬於新石器時代晚期，新石器時代是人類氏族社會最繁榮的時期，人類開始定居，農業和畜牧業出現並得到發展，人類利用自然和改造自然的能力大為提升，人口也相應地增加。

---

[055] 趙大勇、趙隨意：《堯都平陽與堯舜禹》，山西古籍出版社，1999，第 59 頁。

除此之外，人們開始製作生產生活工具，進行房屋建造等，尤其是陶器的製作，對於遠古人類氏族社會有著重要的影響，代表五當時生產力有了極大的提升。如陶寺遺址出土的銅鈴，就已經說明晉南地區農業的發展為人類提供了較為充足的生活資源，促使人類利用現有生產物增加新的生產生活用品，對於生產力提升和人類社會的進步具有重要的價值。在陶寺遺址中常見豬的下顎骨、豬骨架，表明豬的飼養在當時已經具有一定的規模，它不僅僅是人們的食物來源，還具有了經濟和財富價值。[056] 在陶寺出土的種種文物表明，原始農業生產在當時的陶寺已經有了較高的發展，當時的人們過著聚族而居的穩定的農耕生活，創造出較為繁榮的農耕文化。

一、地沃水足，萬物有序

眾所周知，一種文明形態的形成與自然地理環境密不可分，自然環境是影響人們生產、生活的重要因素，特定的自然環境影響了特定文明的產生、形成和發展。晉南地區擁有「表裡山河」的特殊地理位置，外有高山、內有大河，西面、南面有呂梁山和黃河，東面有太行山，境內又有涑河、汾河

---

[056] 中國社會科學院考古所山西工作隊：〈1978 年－1980 年山西襄汾陶寺墓地發掘簡報〉，《考古》1983 年第 1 期。

等河流，這樣的地理位置決定了晉南在遠古時期就擁有人類生存的優質環境。遠古時代的人們需要相對封閉和安全的環境來促進部落的成長壯大，易守難攻的自然地理環境使晉南地區成為絕佳的氏族繁衍地，加之這一地區四季分明的氣候條件，正是農業發展所需的優質因素，農耕文明在這樣的環境下發展、累積，由此在晉南地區孕育出堯舜禹等氏族部落的文明史。

　　陶寺位於臨汾盆地南部，太嶽山和汾河之間，臨近汾河。在汾河河谷，既有較為廣闊的平原，周邊也有高山、丘陵，這樣的地理環境為不同氣候的形成和人們的生存提供了重要的條件。陶寺所在地區地勢東北高西南低，形成了背山面水的基本格局，若遇洪水泛濫，人們可以很快地遷徙到地勢較高的地方，能夠有效地躲避水患，同樣對於維護文明的永續具有一定的作用。黃土高原丘陵地間土壤肥沃，溝壑縱橫，是適宜氏族部落定居的較為安全的選址地，從陶寺出土的遺址來看，整個遺址布局合理、井然有序，居住區、宮殿區、倉儲區、手工作坊區分布整齊，加之土壤肥沃、水源充足的條件適宜農耕的發展，故而整體的空間布局理念表明陶寺作為都邑性城址的構成要素和特徵非常明顯。

二、耕種製陶，因地制宜

從陶寺遺址出土的眾多文物中，我們可以看出在陶寺生活的遠古先民的農業、手工業和畜牧業都已經有了一定程度的發展，帝堯時期的先民在這裡過著「日出而作，日落而息」的穩定的農耕生活。帝堯時期陶寺農耕文明的發展主要有以下幾個方面：

1. 有了用於農業生產的完備器具

陶寺遺址出土的農具種類豐富，材質上有石質、骨製和木質的，種類有刀、鏟、斧、耒、耜等，其中耒、耜是農耕的重要工具。《易經・卜辭》有載：「斫木為耜，揉木為耒，耒耜之利，以教天下」，表明耒耜的製造是中國古代農耕社會的一大進步。

2. 有了用於儲存糧食的器具

在陶寺遺址的墓葬中發現了木質的「倉形器」模型器具，取義墓葬主人在死後也有糧食儲存之器。這從另一方面顯示了陶寺先民農業有了較高程度的發展，已有可供儲存的剩餘農產品。

3. 有了成熟的鑿井技術

水井是適應村落定居和農業生產發展的客觀需要，是以

原始手工業和生產工具的進步為基礎的。在陶寺遺址中發現4眼水井，井上口為圓形，底處為方形，井底周圍用木板隔擋，井深約有 16 公尺，井底還沉積了大量用於汲水的扁壺碎片。陶寺水井的發現，表明陶寺遠古先祖已經有能力解除對河流湖泊的水源依賴，進而遠離洪水的侵害，向更廣闊的地域發展農業，水井的出現既滿足了先民的日常用水，也為農作物的灌溉提供了水源供給。中國是世界上發明水井最古老的國家，在中原黃河流域是目前所知發明使用水井的最早的區域之一，因此，陶寺先民的鑿井技術在世界農耕文明史上有著重要的意義。[057] 正如〈擊壤歌〉所唱：「鑿井而飲，耕田而食。」史料記載在帝堯時期就已開始開鑿和推廣水井，水井的出現，給予先民從河邊窪地向高處遷徙的條件，先民們也得以安居，繁衍後代、壯大部落。水井與人類文明有著密切的關係，離開家園，人們會說是「背井離鄉」，談及城市文化，我們常說是「市井文化」，所以，無論是在村落社會還是在城市社會，「井」都是人們心中家園的象徵。

臨汾市堯廟景區內還有「堯井臺」景點，旁邊有「天下第一井」幾個大字；2018 年臨汾「堯王杯」馬拉松賽上，獎牌就採用外形為「井」字、內為「垚」（古代同「堯」）字的設計樣式。均是陶寺「井文化」相關景觀的重要組成。

---

[057] 李元慶：《三晉古文化源流》，山西古籍出版社，1997，第 99 頁。

4. 製陶工藝的發展

陶器的出現是新石器時代的重要特徵之一，促進了原始先民生產力的發展和生活品質的提升。陶器的製作是一種創造性的生產活動，是人類利用大自然、改造大自然的表現。在陶寺遺址燒製陶的作坊區，為專門製作陶器的生產地，還出土了大量的陶器和製陶工具。在製陶作坊區出土了九個陶窯，火膛大、底部小，整體類似圓葫蘆形狀。出土陶器種類豐富、工藝成熟。從遺址出土的陶器看，製陶工藝在當時的陶寺已經有了顯著的進步，主要表現在由手製發展到輪製和模製，並且先民可以熟練掌握燒製過程中的火候要求等。製作陶器的原材料也多就地取材，製成泥製的或夾沙陶器。既有生產生活的實用性的器具，也有裝飾物和禮儀祭祀類用品。盛物用器造型美觀，有缸、甕、盆、鉢、碗、酒具等；祭祀禮儀用具厚重莊嚴，如小口圓肩罐、壺、盤等，形式多樣。陶器的製作工藝也展現出製陶工的專業性和當時繪畫技術的發展程度，陶器上繪有鳥獸形狀的花紋及裝飾物，尤其是較為典型的蟠龍紋陶盤，栩栩如生，是較為精湛的工藝品。陶器中有的胎薄質細，磨光打平；有的色彩明亮，圖案清晰，層次分明。陶器製作使用顏色有黑、紅、黃、褐等，對顏色的掌控則是對製陶技術的要求。

5. 房屋建造技術發展

陶寺出土的居住區遺址中有很多小型的房基遺址，有直接在地面起建的，也有半地穴式的和窰洞式的房屋建築，陶寺遺址早期出土的房屋以窰洞式為主，晚期多為方形半地穴式房屋。房屋內白灰牆面，一方面是使房屋更為堅固和衛生，另一方面也有防潮的作用，中部設有爐灶，邊上有土炕，是後來黃土高原房屋建築的雛形。遺址除排列整齊的房屋外，還有專門用於儲存糧食的窰洞、做飯的爐灶等，整體住房布局反映了陶寺先民建築發展程度和人們生活的進步。因地制宜、就地取材的房屋建築理念也可視為是較早的生態型建築，這也是能夠在當地推廣採用和傳承改進的重要原因。

除了上述較為典型的反映陶寺鮮明農耕文化的內容外，在陶寺遺址出土的其他文物也彰顯出當時陶寺的文明程度，在此不一一贅述。由此可見，早在四千多年前的陶寺先民就擁有較為發達的農耕文明，也正因如此，帝堯領導下的氏族部落才能在這裡繁衍生息、發展壯大。

三、聚落部族，禮儀規範

中華民族素有「禮儀之邦」的美譽，陶寺遺址出土的眾多文物也說明在帝堯時期已具備合乎禮儀規範的規矩禮法，這也基本確立了華夏五千年文明的價值體系。首先從出土墓葬可看出當時社會文化、政治經濟的文明程度，各類禮儀文物完備、等級差別形成的禮儀差別，殯葬儀式、君臣之禮分明，展現在觀象臺的祭祀功能、墓葬的不同類型、陪葬物品的不同等方面。墓葬表現的形態也展現出民間禮俗，如出土墓葬屍體和隨葬物品方向均朝向崇山，由此可見，規範統一的下葬方式已成為民間社會的禮俗內容之一，同時這也是民間風水觀念的反映。有學者認為陶寺文化中已確立了「中」、「和」的觀念。[058] 觀象臺的發現不僅對天文學具有一定的貢獻，更是促進了帝堯時期的農業生產發展，使社會生產力進一步提升。再從史籍文獻的記載來看，帝堯命大禹治水、后稷司農、羲和觀天授時、契教民禮儀道德等。由此可見，以陶寺為中心的地區在社會管理、道德倫理以及生產力等方面都是較為先進的，對人文教化、社會穩定等具有重要作用。

在平陽地區流傳的關於帝堯的傳說中，我們也可窺探

---

[058] 杜學文：〈陶寺文化與華夏文明的形〉，《太原日報》2018 年 5 月 21 日，第 7 版。

出帝堯時期聚落部族的禮儀規範。如「誹謗木」和「選賢禪讓」的傳說，即可作為陶寺禮儀文化的口頭與書面材料加以輔證。

《尸子》有載：「堯立誹謗之木」，意為堯在交通要道上設置木牌，讓人們在上面寫上進諫之言。《古今注》同樣記載：「堯立誹謗之木，今之華表木也。以橫木交柱頭，狀若花也。形似桔槔，大路交衢悉施焉。或謂之表木，以表王者納諫也，亦以表識衢路也。」帝堯時期的「誹謗木」即如今的「華表」。關於帝堯設立的誹謗木，傳說只是一根木頭，旁邊有一大鼓，無論是推薦賢士能臣，還是進言獻策，都可以把意見寫在木頭上或者敲擊鼓，進宮進言。透過「誹謗木」和「敢諫之鼓」，帝堯廣開言路，創造出「堯天舜日」的輝煌文明。誹謗木即是帝堯民主治世的象徵，也為後代帝王民主納諫提供了參照標準。如〈鄒忌諷齊王納諫〉中講述的齊威王讓大臣、百姓指出政績過失；漢文帝在位期間效仿堯舜，廣開言路；唐太宗李世民虛懷納諫，他與魏徵的故事廣為流傳，是踐行帝堯時期民主納諫的形象表現。現在在襄汾地區，還有村落的由來與帝堯「誹謗木」納諫的傳說有關聯，在襄汾縣襄陵鎮有一名為「四柱」的村落，傳說是在村子的十字路口有一個四柱木欄，讓人們寫下對帝堯時政的意見，

　　後來村名也改名為「四柱村」。[059] 堯廟景區中廣運殿（也稱為「堯宮」）前兩側的木樁也是複製帝堯設立的「誹謗木」。隨著原始社會的瓦解，奴隸制、封建制度的確立，普通民眾沒有了議論政治是非的權利，「誹謗木」作為皇家建築的一種特殊象徵，被置於皇宮或帝王陵寢前。[060]

　　關於帝堯選賢禪讓的傳說流傳時間長、範圍廣。伴隨著帝堯訪賢傳說的流傳，在晉南地區也有一些地方風物被冠以與帝堯訪賢相關的文化內涵，構成地方社會的「風物傳說」。《襄陵縣志》有載：「巢父，荊村人，年老以樹為巢，居其上，人稱為巢父。與許由友。堯以天下讓由，由告巢父。巢父曰：『汝何不隱汝形，藏汝光，非吾友也！』乃擊膺而下之，過清冷之水洗其耳，拭其目。許由悵然不自得。曰：『向者，聞言負吾友。』遂去，終身不相見。樊仲父牽牛飲之，見巢父洗耳，驅牛而還，恥令其牛飲下流也。今有水名巢溪。如今縣人皆稱巢溪為洗耳河。此地有山叫箕山。舊為襄陵十景之一。」荊村距離陶寺村四公里，有一小溪稱為「洗耳河」，傳說便是巢父洗耳處。由此可見，地方風物傳說也可印證帝堯艱難的訪賢之路。荊村原屬於襄陵縣，今屬於襄汾縣新城鎮，有城爾里、溝爾里、疙瘩、新莊和南溝裡五個自然村。

---

[059]　陳玉士、喬建軍：《龍鄉陶寺》，山西人民出版社，2005，第38頁。
[060]　張羽新：〈天安門前說「華表」〉，《文史知識》1983年第1期，第69頁。

現城爾裡村路邊宣傳牆上有關於「洗耳河」傳說的由來：「村人大都記得，我村東門外有條河，人稱洗耳河，有史料記，帝堯時期，太平盛世，帝堯廣採民意，選賢任能。一日，堯王在我村東門外，溪水旁尋得巢父、許由……至今留下了堯王讓賢、巢由拒位、樊仲父也拒絕飲牛的千年傳說……原我村東門外洗耳河旁曾建有『巢許祠』並立有碑記，因年代已久，自然災害，加之臨襄線公路的兩次開拓，祠、碑不見蹤影，河流也已乾枯，但遺址猶在。」在陶寺村周邊村落流傳的帝堯訪賢的傳說和遺跡是彰顯帝堯時期禮儀規範的珍貴佐證，共同構成帝堯文化圈。

另外，在臨汾市平陽鼓樓二層棱窗上繪有帝堯訪賢、許由洗耳的傳說圖案，鼓樓南側還有一通「堯舜揖讓處」石碑，同樣是帝堯選賢傳說的景觀化敘事表達。與之相應的還有帝堯禪位於舜的傳說，在帝堯未得到巢父、許由後，四方人士都舉薦舜。「堯聞舜賢，四嶽舉之，心知其奇，而未必知其能。故言我其試哉。試之於職，妻以二女，觀其夫婦之法。職治修而不廢，夫道正而不僻，復令人庶之野而觀其聖，逢烈風疾雨，終不迷惑。堯乃知其聖，授以天下。」[061] 舜耕歷山，成績卓著，他開啟了這樣的治理模式：「堯九男皆益篤。舜耕歷山，歷山之人皆讓畔；漁雷澤，雷澤之人皆

---

[061] ［東漢］王充：《論衡·正說篇》；王充原：《論衡全譯》（下冊），袁華忠、萬家常譯，貴州人民出版社，第 1730 頁。

讓居；陶河濱，河濱器皆不苦窳。一年而所居成聚，二年成邑，三年成都……於是堯乃試舜五典、百官，皆治。」[062] 經過多方對虞舜的考驗，帝堯把帝位禪讓給舜，舜繼位後建虞國，在他治理期間，民主政治繼續推行。從帝堯開始，「禪讓制」的社會組織形態在後兩代部落首領中延續，從此開啟了「堯天舜日」的中華文明。

　　多方例證均可說明帝堯部落具備完備的禮儀規範，無論是陶寺遺址的發現，還是史書典籍的記載，抑或是地方民眾口頭傳說的流傳，從中展現的是帝堯時期人們安居樂業、治國安民、政治清明的社會狀況。這也是華夏文明能夠率先進入文明社會的重要原因，發達的農業生產、豐富的經濟資源及「禪讓制」的推行，是天時、地利、人和的綜合因素所造就的華夏文明。從堯舜禹時代氏族部落聯盟到國家的上古時期，晉南平陽一帶是作為華夏族人政治、經濟、文化的中心存在的，豐富輝煌的堯文化在這裡累積，「華夏第一都」也因此得名。

　　帝堯時期的禮儀規範可概括為：「揖讓之德、和合之道、詢謀之風、節儉之行、則天之治。」、「揖讓」即說明帝堯以百姓為重，不計較個人得失，尊重賢能，訪賢禪讓；「和合」是尊重自然、效法自然，以此達到人與自然、社會三者之間

---

[062]　司馬遷：《史記·五帝本紀》，中華書局，2010，第 10 頁。

的和諧統一；「詢謀」是民主政治的突出表現，在廣泛徵求意見的基礎上治理國家；「節儉」是在生活上追求簡樸，辦事上講究效率；「則天」是因地制宜、不誤農時，使人們安居樂業。

這樣的禮儀規範影響了後代帝王的國家治理之路，也成為人們的道德標準之一，並貫穿到中華傳統文化之中，成為中國傳統文化的發端。

四、堯之傳說，世代流傳

在山西流傳有眾多關於農耕文明的民間傳說，如炎帝製作耒耜教民稼穡於晉東南，嫘祖教民養蠶繅絲於夏縣，后稷教民稼穡於稷山等，從另一方面了印證華夏文明在山西的產生和發展。而在晉南臨汾地區流傳有眾多堯舜禹的傳說，如堯都平陽、堯制農曆、「洞房」的由來、帝堯訪賢、堯舜禪讓、帝堯嫁女等，這些傳說故事為人們熟知，成為千古美談，也成為當地得以依託的重要文化資源。上文也提及關於帝堯設置「誹謗木」的傳說和帝堯訪賢禪讓的傳說，是作為帝堯時期禮儀規範的佐證來說明的。在這一部分，重點選取與農耕文明相關的帝堯傳說，以此說明帝堯帶領氏族部落創造輝煌燦爛的堯文化時代。

1. 堯制農曆

　　《尚書·堯典》記載帝堯：「乃命羲和，欽若昊天，曆象日月星辰，敬授民時。」[063] 陶寺遺址發現的古觀象臺即可說明史料記載帝堯時期「敬授民時」的可信性，而帝堯制定農曆的事蹟也在平陽大地流傳下來。相傳在帝堯執政後，百姓生活主要依靠農耕，但是由於沒有春夏秋冬四時的指引，沒有規範的律法輔助農事，農耕就是憑藉人們的習慣進行，農事活動就處於無序狀態，莊稼也收效甚微。帝堯就和手下的大臣們商量，大臣們建議要掌握日月星辰運行的規律，並結合自然萬物生長變化，就可以掌握時令節氣的運行，只有這樣才能告訴民眾何時播種、收穫，這樣百姓才能有穩定的收成。

　　於是帝堯就派手下的羲氏、和氏分赴東南西北四個方向觀察，總結天地變化的規律。羲仲前往東方的郁夷，羲叔前往南方的交趾，和仲前往西方的昧谷，和叔前往北方的幽都。他們在這四個地方測量太陽影子的變化，並根據晝夜交替、鳥獸羽毛的生長褪去，以及百姓的種植習慣來觀測大自然的變化，在得出自己所在地區自然變化的規律後，他們回到平陽向帝堯覆命。帝堯同大臣們商議後，將四人各自觀測到的晝夜變化的規律和天數歸納到一起，得出了氣候是按照暖、熱、涼、冷的規律循環，並將這樣的循環週期總結為四個階段：

---

[063]《尚書·堯典》，中華書局，2009，第 3 頁。

☼ 在第一階段中，氣候從冷到暖，百姓開始種植，就定為春天。

☼ 第二階段氣候由暖變熱，莊稼漲勢旺盛，就定為夏天。

☼ 第三階段由熱變涼，莊稼在這時也開始收穫，就定為秋天。

☼ 第四階段由涼變冷，百姓儲藏糧食，就定為冬天。

在這四個週期中，晝夜長短相同的那兩日分別定為春分、秋分日，白晝時間最長的一日定為夏至日，白晝時間最短的一日定為冬至日。四個週期的天數基本一致，加在一起有 366 日左右。

後來又經過觀測，發現春夏秋冬四季每運行三個週期後，總有約 30 天的偏差出現，這樣又根據這一閏月來調整四季偏差，農曆因此得以制定。

2. 堯製石餅

山西是麵食的故鄉，製作麵食的歷史可以追溯到帝堯時期。在帝堯時期，人們的飲食是將五穀和樹葉或野菜一起煮或烤著吃，《韓非子·五蠹》有載：「堯王天下也……糲粢之食，藜藿之羹。」既是帝堯儉樸生活的寫照，同樣也反映出當時人們的飲食情況。相傳有一次，堯收穫的五穀被壓碎了，恰好又遇上下雨，壓碎的五穀變成了麵漿。看到破碎又遭到

雨淋的糧食，堯沒有把它扔掉，而是將其撿起放到石板上，想把這糧食晒乾。太陽將石頭烤得發燙，不一會兒，石板上的穀漿開始變黃變乾，並且散發出陣陣香味。堯拿起石板上烤成塊的穀物一嘗，味道非常好。於是堯就教百姓用石頭將穀物砸爛，用水和成穀漿，鋪在石板上，並在下面點火，用石板將其烤熟食用。這種利用石頭製作麵餅的做法，在晉南地區流傳至今。在臨汾和運城一帶，人們將用這種方法製作出來的餅叫「堯王餅」或石子饃。又有說法是帝堯為了人口興旺，對生小孩者贈送用石頭烤的麵餅，用於慶賀之意。現在的堯王餅，做法更為精緻，加入花椒葉、食鹽和雞蛋等，吃起來更為香脆可口。試想一下，在帝堯之都，吃著堯王餅，感受著帝堯時期的飲食文明，也不失為一件風雅之事。

3. 堯製陶器

帝堯執政期間，經常到民間去巡察，有一次在他巡察期間和百姓交流，百姓說出他們遇到的問題，收穫的糧食沒有可安置的器具，不是發霉就是被老鼠吃掉，帝堯聽後覺得應該為百姓解決糧食儲存的問題。他想起父親帝嚳曾經用泥土製作過陶缸和陶罐，只是沒有成功。他想著或許可以用燒製的陶器來裝糧食，於是帝堯和百姓們開始製陶。剛開始的時候，泥捏的細，坯子捏的薄，一燒製就破碎了。一天，帝堯正想著怎麼解決燒製過程中出現的問題，見到路旁孩童正

在摔泥巴玩，有的孩子泥捏得很厚，摔下去成了一堆，一點響聲沒有，有的孩子用泥和沙子混合著，捏的壅邊厚，底子薄，摔下去，聲音脆亮。帝堯看得出神，轉念一想，泥裡摻上沙是不是就變硬了？製陶可不可以採用這種方法呢？受到這樣的啟發，帝堯回到陶窯裡，把泥裡摻上沙，捏成大大小小的陶器，塗上釉，經過燒製後的陶器果然比之前堅硬，後來他又在這個基礎上不斷改進，終於燒製出美觀又耐用的陶器。人們為了紀念帝堯的這一功績，在燒製的陶器上刻上「堯」字。後來陶寺遺址出土了大量的陶器，有食器、儲藏器和祭祀陶器等，說明當時的製陶工藝已經有了很大的發展。

4. 堯治澇河

遠古先民的農耕生活常受到自然災害的影響，洪水就是較為典型的一種災害。在平陽北有一條發源於浮山東北牛首山的澇河，傳說這裡有個黑風女妖經常興風作浪，她來時讓澇水暴漲，淹沒附近的房屋農田，她走後澇河又乾涸無比，滴水不剩，為百姓生活帶來極大的危害。帝堯得知後，率領手下前來降妖，等他來後女妖已經走了，又留下遍地乾涸的土地。大家都煩惱缺水的事，這時帝堯的馬仰首長嘶，用蹄子在一塊岩石上刨出一個馬蹄形的石坑，隨後馬又低下頭低鳴三聲，這時從石縫中嘩嘩地冒出清水來，這就是「馬刨泉」的由來。帝堯帶領隊伍接著往前走，不料路上突然洪水

襲來，他和手下趕忙在谷口挖石排水，免去一場洪災。洪水退去，需要建造橋梁溝通兩岸，帝堯一行人在鹿仙女的幫助下，建起石橋，又將靈珠安置在石橋上，這樣無論多大的洪水都沖不走石橋。但是黑風女妖並未被降服，她躲在澇河旁的一個洞中，經常出來禍害百姓。帝堯母親得知後，決定幫助兒子降服黑風女妖，她手執桃符，用神咒封住洞口，從此女妖再沒出來作怪。人們感念帝堯母子的功績，為其修建廟宇加以供奉。

　　除此之外，帝堯對舜考察過程中看到舜在歷山耕種的場景：舜將簸箕放在耕牛身後，當牛不好好犁地的時候，就透過敲擊簸箕的聲音讓牛誤以為是在鞭打另外一頭牛。舜的智慧和善心得到了帝堯的稱讚，舜也成為帝堯心中繼位的候選人。由此可見，在帝堯時期，善於農耕、愛惜牲畜的農本思想占據著重要的位置。還有帝堯與后稷的傳說同樣是展現農耕文明的重要內容，帝堯建都平陽後，聽聞后稷善於種植糧食，於是就讓后稷掌管農業，后稷也因此成為農耕始祖，五穀之神等。農耕文化的精髓即在於「以農為本、以民為本」，中華民族是農耕民族，最早帝王的傳說也多與農耕文化相關，這些傳說經由歷史河流生生不息地流傳下來，成為地域社會獨特而有代表性的地方傳說，也為中國傳統文化的大花園增添了別樣的魅力。

五、農耕文化，傳承有序

陶寺是帝堯時期農耕文化的重要起源地，古觀象臺是二十四節氣最早的源頭，將天文、物候、農事、民俗結合在一起，成為陶寺農耕文化的重要代表。

2016 年，二十四節氣被列入聯合國非物質文化遺產輔助下，有序地進行著生產生活，也留存下眾多關於農耕的諺語，是民眾口頭講述的經驗與智慧的總結。陶寺村民眾根據二十四節氣所進行的農事活動、流傳諺語及農具使用如下表所示：

表 1　陶寺村二十四節氣農事活動相關表

節氣	農事活動	諺語	農具使用	其他
立春	立春前冬澆、春澆、積肥（常年）、送肥、平整土地	八月十五雲遮月，正月十五雪打燈。	鐵鍬，小平車	
雨水	無農事	地封凍。春分有雨病人稀，雨水有雨是豐年。		
驚蟄	施肥、把牲畜製作的肥料運送到田裡。現在驚蟄後灑除草劑。	驚蟄地打開。過了驚蟄節，耕田不停歇。	鐵鍬、小平車	驚蟄後吃野菜。
春分	耕地、增加土壤肥力。	春分有雨病人稀，雨水有雨是豐年。	鐵鍬、小平車、犁	

清明	清明前除草，後耕秋地，清明用石碌滾麥。		鋤頭、石碌	田地裡挖小蒜吃，春分清明期間還可吃榆錢；掃墓祭祖。
穀雨	穀雨前種植棉花、芝麻。	穀雨前，芝麻棉。	耬	棉花要泡一天一夜的棉籽才能種。芝麻用耬種。
立夏	為棉花除草、間苗栽地瓜、種玉米、高粱、豆子。	立夏種棉花，有苗沒疙瘩。棉花鋤七遍，疙瘩變成蒜。穀子鋤七遍，餓死狗。	鋤頭	
小滿	整理打麥場；收割油菜。	小滿麥死根（快成熟）	石碾	麥收前半個月整理、除草，填地。
芒種	收麥、種地（玉米、高粱、白豆、綠豆、黑豆等）	四月芒種期芒種，五月芒種過芒種。	鐮刀、收割機	
夏至	麥田備耕；二穫作物開始播種（與立春種小作物同）	夏至不見田。（麥子全收割完畢）	鐵鍬、耬、收割機	

小暑	秋苗、棉花掐頭、打芽、鋤草	頭伏蘿蔔末伏菜（油菜、芥菜、白菜、菠菜、香菜）。頭伏犁地一碗油，二伏犁地半碗油，三伏犁地沒有油。頭伏有雨，伏伏有雨。	鋤頭	入了伏，不能種小秋作物，因為「伏裡不結籽」。
大暑	平田整地、備耕	小暑大暑，灌死老鼠。六月二十六沒雨，莊稼早死。		年輕人平整田地，中年人備耕，婦女入棉花田。
立秋	耙地保墒	立秋不帶耙，誤了來年夏。秋後一暑，熱死老牛。	耙	每下一次雨，耙一次地。
處暑	耙地、摘棉花	七月十五見棉花。七月十五是中元，家家戶戶祭祖先。		
白露	繼續採摘棉花，秋收、種小麥	白露種高山，秋分種平川（小麥）。七月白露搶著種，八月白露想著種。	耬	大玉米已熟，地瓜也熟了。
秋分	種小麥、豆類			

寒露	種麥子、豆類依次成熟，可收穫	白露早，寒露遲，秋分種麥正當時，白露不出穗，寒露不收（玉米等秋天作物）		此時種麥子需要增加種子。
霜降	挖地瓜；採摘棉花、收穫		鐵鍬	小秋作物的收穫
立冬	平田耕地、冬澆	立冬不砍菜，必定要受害。		
小雪				
大雪				
冬至	耙麥（為了保墒），冬至前後	頭九有雪，九九有雪；伏裡有雨，九裡有雪五。麥吃臘月土。		
小寒		三九四九，凍破石頭。		
大寒				

資料來源：2019 年 3 月 9 日陶寺調查資料整理

農具：犁
攝於 2019 年 3 月 9 日

農具：耙
攝於 2019 年 3 月 9 日

農具：木耬
攝於 2019 年 3 月 9 日

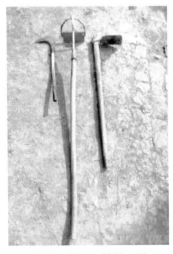

農具：鐮刀、耬鋤、鋤
攝於 2019 年 3 月 9 日

農具：小平車
攝於 2019 年 3 月 9 日

六、整合利用，打造品牌

在陶寺眾多文化資源中，農耕文化突出表現在堯文化上，近年來臨汾市圍繞堯文化舉辦一系列文化活動，在利用帝堯文化資源的同時，也提升了當地的文化軟實力，打造出「堯文化」地方品牌。綜合來看，對於帝堯文化的整合利用，有以下幾個方面的內容：

1. 挖掘帝堯遺跡與傳說文化內涵

平陽地區是堯文化的集中地，流傳有眾多帝堯的遺跡及相關傳說，在挖掘堯文化上，當地以臨汾市堯廟、堯陵為堯文化核心點，同時不斷挖掘帝堯所開創的「最早中國」之

「陶寺文化」，利用遺址文化強化堯文化的地域性。節日活動中也貫穿著帝堯傳說，如洪洞羊獬、歷山三月三「接姑姑」活動和四月二十八「迎娘娘」的民俗活動日益豐富。除此之外，對霍州、浮山等地的堯文化遺跡傳說進行開發整合，共同促成地方堯文化資源的綜合利用。

2. 文化旅遊節與祭堯大典的結合

在利用堯文化資源上，當地還借助文化旅遊節的形式來進行，如 2018 年和 2019 年均在帝堯誕辰日農曆四月二十八前後舉辦「堯都文化旅遊節」，即在利用帝堯文化發展文化旅遊產業，傳承弘揚堯文化「協和萬邦」的精神，同時強調挖掘堯文化「和合天下」的時代價值，兩屆活動均採用「論壇、研討、招商、推廣、群眾文化活動」等形式進行，是發展文化旅遊產業的重要實踐。文化旅遊節期間也是民間祭堯大典的日子，有讀〈祭堯帝文〉、樂舞告祭的儀式。

現如今的祭堯大典是在延續自古就有的祭堯活動的基礎上形成的，祭堯最早可追溯到西晉，民間於農曆四月二十八祭堯；有唐以來，每年於正月初一在堯廟祭祀、清明節在堯陵祭祀。在傳統祭堯儀式的基礎上，賦予新的活動內容，是傳統與現代相結合的表現方式。

3. 借助學術平臺，宣傳帝堯文化

早在 2007 年在臨汾市就舉辦有「堯文化高層論壇」，全國各地的專家學者齊聚臨汾，並就臨汾作為「堯都」進行了一系列的討論，提出晉南平陽與帝堯密切相關，不僅史書記載可以說明，豐富的歷史遺跡和系統的民間傳說，尤其是強調襄汾「陶寺遺址」唐堯廢城和古觀象臺的發現，均證明堯都平陽的事實。隨著堯都文化旅遊節的舉辦，「堯文化高峰論壇」也相應地進行著，集合地方堯文化研究人員、考古研究人員等各領域學者，針對堯文化時代價值和文化產業的開發等方面進行研討，對堯文化中蘊含的思想觀念、人文精神、道德規範、當代價值等進行分析，將堯文化作為臨汾歷史文化資源來全面深入地研究。

在堯文化資源的利用上，當地已經做出了一系列的措施，在取得成效的同時，還需更多地關注帝堯文化的進一步傳承和保護。例如建造「堯文化博物館」，可以將散落在平陽地區有關帝堯文化的各類文物資料進行蒐集整理，以便進一步地陳列和研究。還可以設置堯文化旅遊路線，並配備專門人員進行講解，將陶寺遺址、臨汾博物館、堯廟、堯陵、仙洞溝、唐堯故園等作為堯文化旅遊路線上的重點，可以集中開發堯文化，發展當下的文化旅遊產業。除此之外，還可進行帝堯時期實景劇表演，將史籍所載、口頭流傳的傳說等

相結合，展示遠古時期帝堯文化的存在狀態，也更能讓中小學生了解和接受帝堯文化。除此之外，籌建農耕博物館和二十四節氣博物館，並啟動農具蒐集工作和相關資料的蒐集，這是對傳統農耕文明的保護，更是將農耕文化作為一種文化資源轉體為用，推動地方文創發展。

第三章　農耕文化—篳路藍縷創史話

第四章
信仰文化 —— 追蹤覓跡訪神廟

　　民間信仰是在長期的歷史發展過程中，在民眾中自發產生的一套神靈崇拜觀念、行為習慣和相應的儀式制度。[064] 民間信仰內容豐富、種類多樣，在民眾生活中占據著重要的地位，具有多功利性，是民眾祈福避禍心理訴求的典型表現。民間信仰具有多樣化的特徵，表現在信仰對象的多樣性和賦予某一神靈功能的多樣性。陶寺古村落歷史悠久，村內各類廟宇眾多、神靈多樣，村落信仰呈多樣化特徵。既有以圖騰崇拜為最早信仰的龍圖騰，隨著歷史的發展，還增加了關帝廟、伯王廟、娘娘廟等廟宇及神靈，圍繞民間信仰的各種儀式活動、顯靈故事是民眾信仰心理的表達。民間信仰是村落社會民眾生活的重要組成部分，相當穩定地保存著在其演變過程中累積下來的社會文化內涵，更加深刻地反映出村落社會的內部秩序。[065] 如遠古時期的龍圖騰崇拜，蟠龍紋陶盤經後世考古發現以來，雖不再將其放置神壇供人祭祀，但作為最早圖騰崇拜的象徵，它不僅在博物館裡得到展示，而且襄汾縣和臨汾市城市建設中均沿用這一象徵進行文化造鎮，如襄汾廣場根據龍盤上的龍樣式塑有大型「龍」型建築；臨汾市區街道有根據出土龍盤建造的大型「陶寺龍盤」，均成為城市的地標。當然，龍圖騰崇拜的象徵「龍盤」在後世的利

---

[064]　鍾敬文：《民俗學概論》，上海文藝出版社，1998，第187頁。
[065]　鄭振滿、陳春聲：《民間信仰與社會空間》，福建人民出版社，2003，第2頁。

用不僅僅局限於陶寺村落社會中，更是擴大到整個縣、市的區域範圍內，可視為是圖騰崇拜的現世表達與利用。

信仰文化是村落文化的重要構成要素，民間信仰作為一種文化遺產和文化資源，是承載著村落社會中節日文化、民間藝術文化、人生儀式等非物質文化遺產的重要生存土壤。[066] 民間信仰的承載體廟宇是村落社會中的物質文化遺產，尤其是歷經歷史長河存留下來的、具有一定年代的廟宇，廟宇精巧的建築形態，廟宇內雕像、壁畫、碑刻等同樣是作為村落中文化遺產而存在的，是村落歷史和文化底蘊的重要表現。除此之外，民間信仰常伴隨著節日民俗、民間藝術等村落非物質文化遺產，這是構成村落優秀傳統文化的重要方面。從另一方面來看，民間信仰還是了解民眾社會生活和精神世界的特殊層面，傳統農業社會靠天吃飯，民眾多有春祈秋報的觀念，信奉神靈是他們祈求好收成的心理寄託，信仰中的善惡有報也是對民眾進行道德教育的重要途徑，而農閒時候的娛神活動則是調節農事、放鬆身心的主要村落活動。

[066] 向柏松：〈民間信仰與非物質文化遺產保護〉，《中南民族大學學報（人文社會科學版）》2006年第5期，第66頁。

一、赤龍崇拜，信仰源頭

　　尋找陶寺村落社會中的信仰源頭，可追溯到遠古社會帝堯時期的龍圖騰崇拜。龍是中國古代文明中最具特徵性的一種神靈崇拜物，探究龍崇拜的起源，是探索中國古代文明起源的一個重要課題。陶寺遺址出土的蟠龍紋陶盤可被確認為中原地區目前發現的最早的龍形象。第二章遺址文化部分已經對陶寺遺址出土的蟠龍紋陶盤做了詳細的介紹，在這一部分就不贅述。在陶寺遺址的九座大墓中出土有彩繪龍盤，龍繪製於陶盤中心位置，為紅白黑繪成，龍身形為蜷曲狀，雙排鱗甲，身上有鰭，張口露齒，口中還銜有羽毛狀物。有學者認為蟠龍口中所含羽毛狀物為嘉禾，嘉禾為一種強壯的禾穗，有文獻記載「德至地則嘉禾生」[067]、「甘露降，風雨時，嘉禾興」[068]。由此可見，嘉禾的出現被認為是聖人德至、風調雨順、國泰民安的好徵兆。蟠龍紋陶盤內圖案一方面反映出陶寺先民對於龍的崇拜，「龍銜嘉禾」是希望能夠保佑風調雨順。

　　另一方面，從陶盤出土的墓葬來看，為大型墓葬，蟠龍紋陶盤是作為禮器陪葬的，表明在當時的陶寺地區就已經將「龍」作為一種權威的象徵。

　　陶寺遺址出土的蟠龍形象通常被認為是遠古部落時期的

---

[067]　[東漢] 班固：《白虎通·封禪》（卷三上），中華書局，1985，第 144 頁。
[068]　[東漢] 班固：《漢書·公孫弘傳》，中州古籍出版社，1996，第 798 頁。

族徽或部落聯盟的盟徽，也可能就是歷史文獻中記載的「蛟龍」、「赤龍」等形象，它結合了中原若干部落圖騰的特徵，也是帝堯時期部落的圖騰。[069] 我們常說中華民族是「龍的傳人」，說明龍圖騰崇拜是構成華夏文明傳統文化的根源所在，是遠古社會部落氏族的權威象徵與部落凝聚力的來源，龍圖騰在文明演化中是有較強生命力和適應性的典型崇拜物。早在新石器時代，就有「龍」作為神靈和祥瑞的觀念，並且有了藝術加工的「龍形象」，如紅山文化的玉龍、大汶口文化的龍紋等。[070] 經由後世的發展，「龍」從最初部落象徵演變成為國家意志和權力的代表，幾千年封建王朝的「真龍天子」即為很好的說明。

龍圖騰歷經千年的發展，不斷被融入更多的優秀傳統文化，「龍」也由最初的信仰對象衍生出「龍文化」的精神觀念，即以「龍」為核心精神的優秀傳統文化，是華夏民族精神的重要來源，我們常說的「自強不息、威武不屈、上下求索、天下為公、發憤圖強」等精神，均是中華民族「龍文化」精神的表現。[071]「龍的子孫」、「龍的傳人」這些稱謂常常激勵我們自強不息。在古籍中多見的「陶唐氏遺風」記載

[069]　宋建忠：《龍現中國：陶寺考古與華夏文明之根》，山西人民出版社，2006，第 48 頁。

[070]　陶富海：《陶寺文化遺址》，山西歷史文化叢書，2006，第 24 頁。

[071]　陳玉士、喬建軍：《龍鄉陶寺》，山西人民出版社，2005，第 23 頁。

即是這種精神的最初表現，如《詩經·唐風》記載：「唐俗勤儉」；郭子章〈晉論〉中有「故其民至於今憂國而忠於主」、「顧其民至於今孝」、「顧其民至於今力穡」[072] 等關於唐俗的記載；〈晉賦〉中載唐俗：「士尚謙恭，民多醇古」；《太平縣志》中也有記載唐風遺俗：「君子尚禮義，小人勤稼穡，裡閈之間，雍雍如也。」龍圖騰從信仰逐步演變為一種精神，也正是這種精神，造就了華夏文化、造就了「龍的傳人」。龍文化經由長時間的累積，成為民族精神和民族信仰的核心，是中華民族性格品質的代表。在陶寺地區，崇山又被稱為「臥龍山」，陶寺也被稱為「龍鄉」，均是從遠古時期流傳至今的龍文化遺存的彰顯。

帝堯時期崇拜赤龍，龍圖騰是作為部落氏族的象徵存在，出土的蟠龍紋陶盤即是印證。隨著原始社會的瓦解，國家的成立，「龍」成為王權的代表，同時「龍文化」作為華夏文明的精神象徵一代代的傳承下來，成為現如今中華民族的精神來源。回歸到陶寺區域社會中來，將「龍文化」作為一種文化資源後善用，是現階段傳承開發「龍鄉陶寺」的重要措施。陶寺遺址自發現以來，陶寺就被冠以「最早中國」的稱謂，出土的「蟠龍紋陶盤」也被加以開發利用。綜合來看，陶寺「龍文化」作為一種文化資源，有如下利用方式：

---

[072] 胡樸安：《中華全國風俗志》上冊，上海書店，1986，第 27 頁。

1. 與「二月二」節日文化相融合

在陶寺村每年的二月二「龍抬頭」日，舞龍、天塔獅舞是必備節目，近些年更是在節日期間打出「帝堯之都」、「最早中國」的口號。用與龍相關的節目來響應「龍鄉陶寺」，是當下村落社會開發利用本地文化資源的重要表現。

2. 龍文化景觀化

從更大的區域範圍來看，城市景觀建設中也將陶寺龍文化融合進來。襄汾縣丁陶 [073] 文化公園中有根據陶寺遺址出土的蟠龍紋陶盤上的龍形象建造的「龍」雕像，整體為金黃色，位於公園中央位置；在襄汾授時廣場周邊花池四周均有蟠龍圖案；臨汾市鼓樓北大街塑有大型「陶寺龍盤」模型雕塑。襄汾縣和臨汾市的城市景觀中融入陶寺「龍文化」，是借助景觀建築來強化地域文化特色的重要措施。

3. 與周邊景點相結合

襄汾縣文化資源的兩張王牌便是丁村遺址與陶寺遺址，襄汾縣在整合地方文化資源時，將二者結合起來共同宣傳，打造出「丁陶文化」的地方品牌。「丁村文化」包括丁村遺址和丁村民宅，「陶寺文化」則主要是針對陶寺遺址文化，其中在利用陶寺文化上，更多的是將「蟠龍紋陶盤」作為陶寺遺

---

[073]「丁陶」一詞是丁村文化與陶寺文化的簡稱，是襄汾縣主要的文化資源。

址文化的代表性標誌，在各類活動、建築等方面作為陶寺文化的標誌來呈現，如上文提到的城市建築，還有各類研討會的標誌、相關文化叢書的封面圖案等。

二、關帝鎮村，伯王懲惡

　　陶寺村關帝廟，俗稱老爺廟，建造於元代，元至正二十六年的〈新修關公行祠記〉記載：「襄陵陶寺裡舊有關帝祠，建於大德五年」[074]，後在清代又歷經修繕，可見陶寺關帝廟歷史之悠久。現陶寺關帝廟坐西朝東，位於村落中心位置，占地面積近 200 平方公尺。

　　歷史上關帝廟實際上為一個廟宇群，中間為老爺樓，正東位置為戲臺，與老爺樓相對。往東位置有三株千年古槐樹，廟北是文廟，廟南為娘娘廟和藥王廟，廟正前方有一泊池。在泊池正東方向有南公所三間，北面有北公所三間，為公理民事之處，東南角為六間公安房。整個建築周邊相圍，中間為寬闊的廣場，面積達近千平方公尺。圍繞關帝廟，東南西北四個方向都有通往村裡的道路交通，陶寺關帝廟及周邊建築一起成為整個村落的中心地帶和重要的公共空間。[075]

---

[074]　高建錄：《三晉石刻大全·臨汾市襄汾縣卷》（上），三晉出版社，2012，第48頁。

[075]　高忠嚴：〈社會變遷中的古村鎮信仰空間與村落文化傳承〉，《山西農業大學學報（社會科學版）》2018 年第 8 期，第 47 頁。

關於陶寺關帝廟的歷史，佇立在關帝廟前的〈重修關帝廟碑記〉上記載較為清晰：「陶寺村關帝廟是山西省重點文物保護單位，始建於元代大德五年，後因坤震傾圮。明正德五年重建，清朝康熙嘉慶時曾進行重大修繕，從清代嘉慶年間至今歷經滄桑，歲月更迭，經風雨浸蝕，使巍巍屹立富麗堂皇的陶寺關帝廟失去原有的風貌。國富民強，文化大興，關帝廟有幸殷切祈盼，很快搶修這一省級文物……於丙亥年秋月撥款大修……歷時一載有餘，是關帝廟修葺一新。」

現存陶寺關帝廟通高三層，約 15 公尺，樓閣式建築，二層門匾寫有「關聖廟」，一層有門匾上書「中天一柱」，還有匾額為「忠義千秋」，兩側楹聯為「兄玄德弟翼德德兄德弟，師臥龍友子龍龍師龍友」。廟內塑有關羽坐像，關羽形象為人熟知的是《三國演義》中的描述：「身高九尺，髯長二尺，面如重棗，唇若塗脂，丹鳳眼，臥蠶眉，相貌堂堂，威風凜凜。」在關帝像兩旁是關平和周倉的雕像，身披鎧甲，栩栩如生。旁邊還有兵器架，上放置關公的青龍偃月刀和長矛。周圍牆壁上繪有關公的故事，如桃園三結義、陣斬顏良、刮骨療毒等。

重修陶寺關帝廟碑記
田震攝於 2019 年 7 月 27 日

陶寺關帝廟　田震攝於 2019 年 7 月 27 日

　　陶寺村關帝信仰由來已久，縣誌有記載：「陶寺村關帝廟四月初八日、六月二十四日、十月十五日逢會」[076]，廟會是以寺廟為中心，以祭神、娛神為目的的民眾參與度較高的社區民俗活動，是村落社會中民間信仰的產物。由傳統關帝廟會舉辦時間可知，關公信仰中融合了儒釋道的內涵，四月初八為佛誕日、六月二十四日為關公誕辰、十月十五為道教下元節，從這一點也可看出，民間信仰的包容性和適應性特徵。關公在民眾心中是忠義之人，同時也是保佑地方民眾的神靈。在當地流傳有關公顯靈緩解當地旱災的傳說，相傳有一年在關帝廟對面戲臺上唱戲，一齣〈關公走麥城〉演出後開始下雨。於是，有傳聞說是因為這齣戲的原因，從此陶寺村一有戲曲活動就會下雨，劇團常常被困在陶寺走不了，村裡讓村民出饅頭給劇團當糧食，這樣劇團在晚上為民眾唱戲。

---

[076]　襄汾縣志編纂委員會翻印《襄陵縣新志·太平縣志合刊》，1986，第 63 頁。

唱戲期間下雨在一定程度上有助於緩解當地的旱災，這個說法也在陶寺流傳下來，成為人們口耳相傳的關公靈驗傳說。[077] 關帝廟是陶寺現存的唯一廟宇，也就成為人們燒香祭拜、祈福避禍的重要場所，每月初一、十五開門供人們上香。隨著社會的發展，關帝廟會也不再舉辦，但每年正月十五和二月二龍抬頭節日期間，關帝廟是作為兩個社火節的活動中心呈現的，各類表演節目齊聚關帝廟前的廣場上。不僅如此，在日常生活中，關帝廟前空曠的廣場也是集聚人們聊天乘涼的場所，成為人民消遣娛樂的公共空間。由此可見，現階段關帝廟作為陶寺村著名的公共場所，不僅是民間信仰的集中地，也是村落活動舉辦的重要場所。

陶寺村伯王廟，又稱東嶽廟，坐落於村東門內路北，坐北朝南，占地面積900多平方公尺。從大門進入後是五間獻亭（又稱捲棚），穿過獻亭為三尺高的臺階，北邊有七間高大的伯王廟，開間為明三暗四，中間為兩公尺多高的伯王雕像，在陶寺村，伯王即為東嶽神，是民間信仰中掌管地府的神靈，伯王呈坐姿，面容威嚴，讓觀者無不心生敬畏。東西房分別為呈坐姿的馬王、牛王雕像；西面為閻羅、判官、小鬼等的雕像，共十餘尊，神像呈現或慈善或凶殘的姿態，如

---

[077] 馬佳：《山西襄汾縣古村鎮公共空間的變遷與文化傳承》，山西師範大學碩士論文，2018，第46頁。

小鬼赤面獠牙，手持生死牌和鐵鍊；判官和閻王容貌更是凶殘。意為告誡人們善惡有報的觀念，不要做壞事，做了壞事會下地獄，受到懲罰。伯王廟也是村落中亡者在埋葬前的路祭之地。

陶寺關帝廟前二月二社火表演　攝於 2019 年 3 月 8 日

在伯王廟東邊有三間孔子廟，大門南側為舞臺。現在廟宇雖然已不存在，但是關於廟宇的記憶還存留在當地人的腦海中，告誡人們多行善事、常懷善念。

無論是關帝廟還是伯王廟，它們作為人們信仰的記憶場所，也傳達出教化民眾的民俗內涵。如在關帝廟碑刻上有記載：「陶寺村百姓勤於耕耘，奮於好學，節於簡樸，德於吉善，動於禮律，和睦相處，村風純樸，薪火相傳著堯的精神，在重修關帝廟時一呼百應，慷慨解囊，踴躍捐款。」關公的忠義精神與陶寺的帝堯精神在這裡相融合，成為村落精神的代表。伯王廟的主要功能則是透過展現善惡有報的場景告誡人們要行善積德。

三、神樹護佑，求壽祈福

神樹崇拜作為一種古老而奇特的社會文化現象，是自然崇拜的產物。

神樹信仰與日常生活有著密切連繫，展現了神、人、自然三者的和諧統一。[078] 在少數民族地區多有神樹崇拜現象，如苗族信奉楓樹、壯族多信奉榕樹和木棉樹、侗族信奉香樟樹和楓樹等，在少數民族民眾的觀念中，民族所信奉的神樹多是祖先的化身，故有將本民族神樹作為民族圖騰來加以祭祀供奉。漢族多崇拜松柏、槐樹，尤其是高大繁茂、形狀較為奇特又在村中特殊位置的樹會被人們所崇拜，如臨汾洪洞縣有著名的大槐樹、太原蒙山神樹、介休張壁神樹等，均是當地信眾甚至外地信眾所崇奉的對象。

在陶寺村有一株具有特別象徵意義的神樹，為一株百年古柏樹，這棵古柏即構成「陶寺十景」之一的「萬人傘」。

古柏位於陶寺村鼓樓東 50 公尺處的地方，立於懸崖邊緣，老樹橫枝，就如同虬龍盤旋般佇立著，是陶寺當地及周邊地區人們求壽祈福的重要對象。陶寺古柏神樹也與當地的人生儀式相關，當村落中的孩童長到十二歲時，為了讓孩童能夠健康成長，大人們便把孩子們脖子上帶的布項圈解下

---

[078] 蔣棟元：〈神、人、自然的和諧統一 —— 神樹崇拜的文化解讀〉，《西南農業大學學報（社會科學版）》，2008 年第 1 期，第 87 頁。

來，用繩子將項圈繫在這顆神樹上，希望孩童能夠長命百歲。經年累月下來，古柏樹枝上掛滿了各式各樣、五彩斑斕的布項圈，遠望過去，就像萬人傘一樣，神樹為「萬人傘」就是因此得名。人生儀式是人一生中必須經過的幾個階段，每個階段都有一些特殊的儀式。在山西襄汾縣，有滿月禮、十二歲生日禮等。人生儀式不僅在私人空間的家庭舉行，也在村落信仰空間舉辦，與陶寺村神樹崇拜相關的人生儀式即是如此，神樹古柏被民眾賦予神聖性，具備保佑村落民眾的功能，在這裡進行人生禮儀活動，既能增強人神交流，也能增進村民間交流，是村落社會的重要民俗。

四、娘娘朝山，祈兒盼女

　　早在原始社會，初民在惡劣的自然環境下為了生存和延續，在滿足基本生活之外，還非常重視後代的繁衍，在這樣的背景下，原始的生殖崇拜出現。後在生殖崇拜的基礎上，又產生了主管生育的神靈，這類神靈可以幫助婦女受孕生子，民間供奉為送子神。進入封建社會，在傳宗接代思想的影響下，出現了形形色色的送子神靈，以滿足人們祈兒盼女的心理訴求。[079] 主管生育的神靈往往是女性，在傳統社會，

---

[079]　王麗娜：《中華民俗大觀》第 4 冊，線裝書局，2016，第 316 頁。

婦女多信奉子孫娘娘、催生娘娘、金花娘娘、三霄娘娘等，她們都是保佑婦女順利生育和嬰幼兒健康的保護神。傳統村落社會觀念也強調家中香火不斷、子孫滿堂、人丁興旺，這被認為是家道興旺的象徵，是形成生育神信仰的重要因素。子孫娘娘作為人們信仰的女神，她主管著村落社會民眾的生兒育女，信眾多向其祈求能夠多子多福、子孫滿堂。

相傳每年的三月二十日是各類子孫娘娘的誕辰日，多數地區都有熱鬧的祭祀活動。

關帝廟南側曾有一座娘娘廟（也稱觀音閣），供奉著子孫娘娘。娘娘廟中塑有一尊娘娘坐像，兩旁為金童玉女，另有一尊為木製雕像，製作的栩栩如生，是廟會活動舉辦期間所用的娘娘像。[080] 傳說子孫娘娘的家在中梁村，婆家在陶寺村，陶寺村的子孫娘娘是位和藹可親、心地善良、慈眉善目、端莊秀美的女性神靈，她視村落中的村民為她的子孫，也為陶寺村村民送去金童玉女，是當地民眾敬重和崇拜的女性神。在子孫娘娘廟祭拜的信眾多有這樣幾種情況：未生育的人家，祈求能夠生兒育女；已生育的人家，祈求孩童能夠平安健康、無災無恙；孩童有了大災小病，就會祈求子孫娘娘保佑孩童早日康復。也正是這樣的心理寄託，才促成借助「神力」來達成生育、保育的生育神信仰。村落社會中的

---

[080] 王德功、尚文：《陶寺村史》（內部資料），2000。

婦女對子孫娘娘的神力深信不疑，相信她掌控著村落社會中新生命的產生、成長和消亡，所以子孫娘娘成為備孕、婚而不孕、保胎和生產以及希望幼童能夠健康成長的人所信奉的對象。

重修觀音堂碑記　申燕攝於 2016 年 10 月 16 日

與別處生育神信仰不同的是，陶寺村的子孫娘娘信仰主要展現在「朝山」這樣的集體信仰活動上，這也成為陶寺村和周邊村落共同舉辦的具有地方特色的民俗活動。上文提到陶寺村的子孫娘娘娘家是中梁村，婆家在陶寺村。每年的三月二十五日是子孫娘娘從娘家或婆家去南太山朝山的日子，每年的這天，子孫娘娘雕像被村民打扮十分華美，頭戴鳳冠身著霞帔，腳上還穿著紅色繡花鞋，坐在神轎中。進行朝山活動前，還要在村中挑選體態優美、身材勻稱的四個姑娘作為子孫娘娘的陪侍。為子孫娘娘抬轎需要八個身體結實、威

武雄壯的男子，村中男子若被挑選為抬轎者，都會倍感榮幸，期盼著子孫娘娘能夠賜予自己兒女雙全的好福分。上午時候朝山隊伍就到達山頂，將子孫娘娘的花轎放在太山廟的大院中央位置，由陶寺村和中梁村的「管老執事」帶領朝山的村民燒香祭拜。朝山過後，由陶寺村管老對所有參與朝山的民眾管飯三天，讓人們盡情遊玩。子孫娘娘在山上待三天后，或回娘家或回婆家。

第二年的三月二十五又會進行朝山活動，照此不誤。在村落「神親」關係和「朝山」的集體活動推動下，既強化了民眾的信仰觀念，同時對於村際間的和諧關係也具有促進作用。

隨著時代的發展、科學的進步，生育觀念也有了新的變化，人們不再局限於到子孫娘娘廟中祈求生兒育女，娘娘廟香火也不再繚繞於堂，村落社會中民眾關於娘娘廟的記憶也多是關於娘娘的傳說，儀式活動在當下陶寺村落已不存在。陶寺村娘娘信仰也在村落社會發展中逐漸消弭，成為記憶和傳說保存在村落中。

五、各類神祇，靈者是崇

　　信仰與崇拜是相輔相成的關係。人類出於自身的局限和對超自然力量的敬畏而對超人或超自然的力量產生崇拜心理，在人類崇拜的基礎上，崇拜對象就被賦予神祕的神聖色彩，這是信仰產生的心理動機。

　　信仰和崇拜緊密相連，成為民眾的心理補償。信仰、崇拜介由感情聯絡、價值認同、理想牽導等非強制方式影響人們的價值判斷，進一步影響到人們的生活方式。[081] 民間信仰的多功利性是形成信仰「萬靈崇拜」、「多神崇拜」的重要因素之一。[082] 這與上面所闡述的民眾信仰崇拜所具有的價值認同和理想牽導是異曲同工的表述。在陶寺村，各類神祇滿足了民眾的心理需求，在民眾觀念中，「心誠則靈」方能「有求必應」，這同時也促使傳統社會陶寺村落中的各類廟宇香火不斷，更是促成陶寺村民間信仰系統完善的重要因素。對於民眾而言，趨吉避凶、祈福消災是人生永恆追求的主題。「逢廟就燒香，見神就磕頭」的俗語正是民眾信仰功利性的展現。

　　傳統社會陶寺村中廟宇眾多，也就可以按照一定標準對其進行類別劃分。山西寺廟中供奉神靈一般可劃分為民俗體

---

[081]　傅才武：《中國人的信仰與崇拜》，湖北教育出版社，1999，第 3 頁。
[082]　烏丙安：《中國民間信仰》，上海人民出版社，1998，第 7 頁。

系、政統體系、道教神系和佛教神系四類，相應的廟宇也劃分為民俗神廟、政統神廟、道教神廟和佛教神廟。[083] 陶寺村中各類神祇可劃分為：圖騰崇拜、自然物崇拜、人神信仰這三個方面。圖騰崇拜是陶寺村落民眾最早的信仰源頭，可追溯到帝堯時期，發展至今成為陶寺「最早中國」的象徵；自然物崇拜即為陶寺村的古柏樹崇拜，不僅是人們祈福祈壽的對象，也與當地人生儀式有關，至今仍為民眾所信奉；人神信仰在陶寺村表現形式多樣，子孫娘娘原身是村落中的女性，後成為村中的生育神為民眾所信奉。陶寺村中有廟宇的神靈還有關公、伯王，以及「九鳳朝陽」中的其他廟宇神靈，它們共同構成陶寺中的人神信仰體系。現如今，村落中的廟宇多已不復存在，僅剩關帝廟矗立在村中心，但關於村落眾多廟宇及其神靈的記憶卻在村落中保存下來。

陶寺自古就是農耕社會，民間信仰在村落的發展也是緊緊圍繞農業社會這一根基進行。村落社會的農業生產與人的心靈需求促成民間信仰的興盛，有祈盼風調雨順、五穀豐登的現實需求才會求助於神靈，農閒時候則是民眾休閒娛樂、放鬆身心的時刻，這才有了社火節、廟會這樣娛神又娛人的活動。傳統農業社會疾病多發、生存率低的現實情況又促使村落中生育神的出現，這是人口繁衍的需求所在。陶寺村各

---

[083] 馮俊傑：《山西神廟劇場考》，中華書局，2006，第 2 頁。

類神靈的出現、神靈多樣化功能的展現是民眾實際功利性訴求的重要表現，追根究柢，這是長期處於農業社會而形成的村落信仰百花齊放的局面。

六、神靈故事，教化眾民

　　村落社會中廟宇眾多，神靈各異，相應的就流傳有關於神靈的傳說故事，這些故事多以神靈的事蹟為主要講述內容，或說明地名的由來、廟宇修建的緣由，或彰顯神靈的靈驗性、懲惡揚善的功能性。在陶寺村也流傳有這類神靈故事，如關於村落中「九鳳朝陽」廟宇群的由來、祖師爺懲罰南蠻、土地爺賭博輸了妻等相關故事，意在教導民眾感念先祖、心懷善念、規範自己行為等。

1.「九鳳朝陽」廟宇群的由來

　　「九鳳朝陽」為「陶寺十景」之一，是陶寺村最大的古建築群，位於村南崖溝上，根據地形建造的自東向西朝向太陽的九座廟宇。其中，祖師廟為鳳頭，廟內挨崖建的三層高四丈餘的魁星樓為鳳冠，龍王廟、普救菩薩廟、羅漢廟、火神廟、娘娘廟、白音閣、觀音菩薩廟，白鶴廟為鳳尾。也有說法是：千年菩薩廟、龍王廟、普救菩薩廟、羅漢廟、火神

廟、娘娘廟、觀音菩薩廟、魁星廟、祖神廟，九座廟宇分布均勻，逐級增高，宛如九隻金鳳凰。

　　據說，「九鳳朝陽」最早的故事與上古時期帝堯部落治理有方相關。傳說帝堯領導陶寺部落時，治理有序，種植五穀、植桑種麻、鑿井製陶，還編就四季年曆，推進文明演化。在堯的治理下，部落生活井井有條，糧食充足，呈現一派繁榮景象。帝堯的事蹟傳到其餘九個部落，這些部落首領就慕名前來，當他們看到帝堯治理的景況時，心悅誠服地臣服於堯。就這樣，形成了以堯為核心的部落聯盟。相傳在每年的正月十五前後，九個部落的首領齊聚陶寺，共賀新春。後來堯被推崇為帝王之後，更是多了朝拜的內容。在正月十五前後，會舉行各類表演活動，打鑼鼓、鬧花燈、扭秧歌、舞龍燈等，歌舞昇平，熱鬧非凡。待到正月十五當天，九個部落代表一起上朝朝拜帝堯，這就是最早「九鳳朝陽」故事的由來。每年這個時候，堯都陶寺都會進行文藝表演，陶寺的民間社火也因此得以興盛。後來陶寺人民為了紀念「九鳳朝陽」的歷史典故，就根據村南的自然地理位置，在九個突出的土堆上分別建造了九座廟宇，代表九隻金鳳凰，頭朝東迎接朝霞，尾朝西歡送餘暉，意寓朝拜帝堯，歌頌帝堯治理時期天下大和、人民安居樂業的太平盛世。

2. 祖師爺懲罰一個貪心南方人

　　陶寺村的祖師廟在村東南角，為磚木結構，坐東面西。廟宇建造於何時已無人知曉，前殿供奉的是披頭祖師爺雕像，披頭祖師爺即為真武大帝，相傳真武大帝形象威武，披頭散髮。左右有雷公、風神、馬王、牛王等神靈，後殿供奉千手佛，每到逢年過節時候，廟內香火繚繞，前來祭拜的信眾絡繹不絕。

　　在陶寺村流傳有祖師爺顯靈懲罰一個南方人的故事。陶寺村東的塔兒山礦產豐富，煤、鐵、銅、金等礦產資源多樣，相傳還有硃砂礦。

　　硃砂是一種稀有礦物，還是一種寶貴的中藥。傳說有一年修祖師廟雕像時，要用硃砂給祖師爺點眼睛，工匠中有個南方人就自告奮勇地要去硃砂洞挖硃砂。人們為他準備了燈籠和火把，並告訴他：「燈火旺，往前走，燈火滅，往回曳。」以往時候人們一進洞燈火就會滅，人們就不敢進去了。這次倒是奇怪，這個南方人進去後燈也沒滅、火也沒熄。他順利地進入硃砂洞後，大撈一把，撈滿了整個木桶，快要出洞口的時候，一個紅臉大漢突然出現，吹滅了燈火，打了他一巴掌並一腳把他踹出洞門，然後洞門被緊緊關上。桶裡的硃砂也灑落的只剩下一點，剛好夠給祖師爺點眼睛。老人們都說，這是此人貪心不足，受到祖師爺的懲罰，而因為他的

行為，破壞了山上的風水，硃砂洞也只剩下個洞門印，再也打不開洞門了。故事也反映出民眾對當地資源的保護意識，破壞資源終將受到懲罰。關於祖師爺的硃砂眼，當地還流傳另外一個傳說，每逢三月三祖師爺山上廟會期間，晚上人們還能看到祖師爺的兩隻眼睛像兩盞燈一樣，閃爍著紅光，告誡著人們要誠實守本分，切莫起貪念。

3. 土地爺賭博輸了妻

在陶寺一帶，流傳著陶寺村土地爺和東溝村土地爺從賭錢到賭妻，最後陶寺村土地爺輸了妻子的故事。

有一天，陶寺、安李、東坡溝、中梁等村的土地爺忙完聖命後，相聚陶寺土地廟聊天，陶寺土地爺賭癮大發，邀請眾位土地爺賭博，東溝村土地爺也迫不及待地想要開賭，其他土地爺觀戰助威，賭家就只有陶寺土地爺和東坡溝土地爺兩位。陶寺土地爺一向瞧不起東坡溝土地爺，更是揚言要讓東坡溝土地爺輸個精光，東坡溝土地爺也不甘示弱，說鹿死誰手還不一定呢！於是他們就用骰子開賭，開局後陶寺土地爺運氣不好，連掏腰包。東坡溝土地爺卻旗開得勝把把都贏。不一會兒，陶寺村土地爺就輸得囊中空空，他是越急越輸、越輸越急，最後下了最大的賭注，把自己妻子作為最後的賭注。東坡溝土地爺同意了，並以眾位土地爺為證。陶寺土地爺拿起骰子，連丟三把，兩負一勝，東坡溝土地爺是兩

勝一負。陶寺土地爺見此情況，頓時氣餒。東坡溝土地爺則眉飛色舞地說：「我們有言在先，我該帶夫人走了。」其他土地爺見此情景，上前調解，其中有位土地爺提出讓陶寺土地爺將管轄的趙王頭、褲襠南的土地劃歸給東坡溝土地爺，就不要將夫人賠進去了。陶寺土地爺卻婉言謝絕，說：「民以食為天，農以土為本。我作為一方土地神，怎能因為我的一己私利，落個千古罵名。況且趙王頭是我陶寺古帝先民生息繁衍之地，是我陶寺風水寶地，萬萬不能這樣做。」

　　於是他在繡閣中叫出夫人，羞愧地說：「隨他去吧！」於是東坡溝土地爺帶著陶寺土地爺的夫人離開，眾位土地爺也尷尬地離去。

　　在當地上了年紀的老人都知道，陶寺村土地廟中只有土地爺一人，而東坡溝土地廟卻有左右兩位夫人，正因如此，當地流傳有這樣的傳說。老一輩人講述傳說，意在告誡後人，不要沾染上賭博的惡習，因為即便是神仙，也會因賭博損失一切，同樣是希望地方民眾能夠規範自身行為、安分守己。

　　從另一方面來看，兩個村落的土地爺賭博中涉及村落土地的問題，從中透露出相鄰兩個村落對土地爭奪的隱喻。從董曉萍對於「土地民俗」[084] 的研究來看，陶寺土地爺對於本

---

[084]「土地民俗是指由於土地的人為利用和社會整合被創造和被使用、構成民俗基本形態的文化種類。其構成包括民俗社會網絡、地方知識、行為方式、文化產品和社會規範。在人、自然界和神靈空間都有展現。」董曉萍：《現代民俗學講演錄》，廣西師範大學出版社，2007，第 205 頁。

村土地的態度反映的是地方民眾對於土地的態度，其中滲透了村落民眾對於土地的情感和價值觀，土地也就成為村落精神資源的一種，不容外人爭奪。

七、動態傳承，信仰重建

陶寺村有著豐富的信仰文化資源，文獻記載和民眾記憶中的廟宇神靈不在少數，同時還有相關信仰儀式活動、靈驗傳說在村落中流傳，成為民眾的集體記憶和村落認同感的重要來源。但是隨著時代的發展、社會的進步，村落社會中的信仰文化或被遺棄、或被改造、或被重建，呈現出複雜的狀態。對村落社會的信仰文化資源進行活化，可以豐富村落文化，更好地保護村落物質文化遺產和非物質文化遺產。

1. 信仰文化與村落道德倫理建設

作為一種表達方式，民間信仰和儀式通常會相當穩定地保存著在其演變過程中所累積的社會文化內容，更深刻地反映鄉村社會的內在秩序。民間信仰是理解鄉村社會結構、地域支配關係和普通百姓的一種途徑。[085] 在這裡需要解釋的是，民間信仰所傳遞的是村落社會的歷史精神和倫理追求。村落社會中的民眾為了精神的安定而去廟宇中供奉村落中的

---

[085] 鄭振滿、陳春聲：《民間信仰與社會空間》，福建人民出版社，2003，第2頁。

神靈，這是村落社會的重要精神內涵，其中包含著道德倫理觀念，是村落社會得以依照它內在邏輯和秩序運行的有力保障。[086] 民間信仰在村落社會有著廣泛的大眾基礎，能夠透過各種儀式和制度規範民眾的行為。

　　民間信仰對村落道德倫理建設具有重要的價值。透過道德教化，宣揚樂善好施、善惡有報、孝敬長輩、多行善事等的中華傳統觀念，對於民眾為人處世的價值觀建設造成不容忽視的作用。同樣，民間信仰中包含的風俗習慣、教義教規等內容是告誡、規範和約束人們如何進行自己的行為選擇，而且這種規範可以促進整個村落社會民眾的認同感，對於村落社會的凝聚、整合、穩定。陶寺村歷來就有著豐富的信仰文化，神靈也各具功能，在滿足人們日常祈福的同時，也傳達出教化的內涵，如關公信仰傳遞的忠義精神，伯王廟懲惡揚善的功能，各類神靈故事向民眾傳達行善事、莫貪念的思想觀念等。

2. 信仰空間重建與節點活力打造

　　傳統對於現代的意義在於為村落物質文化發展和非物質文化發展提供歷史依據和可利用的村落文化元素。令人遺憾的是，隨著社會的變遷，陶寺村落中各類廟宇多已頹敗甚至

---

[086]　蕭放：〈民俗傳統與村落復興〉，《西南民族大學學報（人文社會科學版）》2019 年第 5 期，第 30 頁。

不復存在，留給人們的只是關於神靈、儀式、傳說的記憶。在這樣的情況下，需要對村落信仰空間進行恢復、補救和活化。如現在陶寺村只剩下關帝廟一座廟宇，但是村落社會民眾記憶中還有許多神靈和廟宇，應在空間上恢復重建傳統村落廟宇，讓現代村落社會的民眾有表達情感意願和訴求的精神空間。村落廟宇的重建盡量選在原址並根據村落文獻記載和民眾記憶進行。[087]

陶寺村落的信仰空間大多與傳統節日有所關聯，如「九鳳朝陽」廟宇群與正月十五有關聯，關帝廟與二月二「龍抬頭」相關聯等。從傳說、傳統節日入手，將村落廟宇等景觀連結成一個整體，可以以圖文的形式呈現，在村落中如廣場等的公共空間加以展示，在提升民眾村落認同感的同時，也串聯起村落的歷史文脈。[088]將節日活動融入信仰空間也是打造節點活力的重要措施，如二月二在關帝廟前這一神聖空間進行節日活動，就是典型案例。除此之外，還應充分利用廟會這一村落社會的非日常生活空間來宣傳村落文化，增強村落信仰空間的活力和創造性。

同樣，當村落信仰空間打造成村落文化公共空間的時

---

[087] 蕭放：〈文化遺產視野下的民間信仰重建〉，《探索與爭鳴》2010 年第 5 期，
　　　　第 63 頁。
[088] 高忠嚴：〈社會變遷中的古村鎮信仰空間與村落文化傳承〉，《山西農業大學
　　　　學報（社會科學版）》2018 年第 8 期，第 46 頁。

候，就轉化為村落文化旅遊資源。現代旅遊的發展趨勢是「鄉村遊」，擁有豐富歷史文化底蘊和優美自然風光的村落成為人們休閒娛樂的好去處，而民間信仰場所、民間信仰活動、地方性民俗文化已然受到人們的青睞，成為「鄉村遊」的重要觀光內容，所以恢復村落信仰空間，並相應地結合傳統節日打造活力型村落文化，可以帶動村落經濟的發展。

3. 信仰活動恢復與民間藝術再生

　　陶寺村落中有著豐富的民間藝術，歷來就有民間社火活動，從每年的正月初五開始，一直到二月二「龍抬頭」，其間各類活動異彩紛呈、熱鬧非凡。

　　自陶寺遺址被發現以來，陶寺就被認定為帝堯古都，當地也流傳二月二是帝堯誕辰。從 2013 年起，陶寺村恢復二月二「龍抬頭」社火節，在關帝廟前廣場上進行社火表演，有舞龍燈、天塔獅舞、划旱船、秧歌、抬閣、威風鑼鼓等各類民間藝術，其中「天塔獅舞」是陶寺村具有代表性的民間藝術。二月二節日從帝堯信仰中來，後又借助關公信仰空間展演，是信仰活動與民間藝術相融合的重要表現。

　　在陶寺村，正月期間也有社火活動。傳統村落社會正月期間的社火活動和民間信仰相關，如活動期間人們到村落各個廟宇燒香祈福、祭神娛神，舞龍、唱戲、鬧花燈等活動層

出不絕。現如今，正月期間也有社火活動，但僅僅是作為民眾娛樂的目的存在，彷彿和村落信仰已無關聯，相應的也就缺少了歷史文化感。對此，應考慮在恢復村落傳統廟宇的基礎上，進而恢復村落信仰活動，如恢復並開放廟會。在信仰活動舉行的同時，村落民間藝術也有更多的展演機會，吸引更多的觀眾。這樣也有利於民間藝術的生存和發展，以此促進村落文化的良性傳承。對於村落各類文化活動，同樣，信仰活動和民間藝術相結合，也是豐富村落社會民眾文化生活的重要方式，而舉辦這樣具有地方特色的文化活動，對豐富地方民眾精神生活和促進鄉村社會的文化振興具有重要的價值。

第四章　信仰文化—追蹤覓跡訪神廟

第五章
歲時節日 —— 傳統習俗源悠長

第五章　歲時節日—傳統習俗源悠長

　　歲時節日指的是與天時、物候的週期性轉換相適應，在
人們生活中約定俗成的、具有特定風俗活動內容的特定時
日。[089] 節日是中國人時間觀念形成的重要表現，它經歷了漫
長的發展過程，是農業文明的產物。早期節日多與二十四節
氣有關，如清明節、冬至節等，節日的前身是節氣，節氣也
就是「觀象授時時代」的節日。由於中國傳統的曆法制度採
用的是陰陽合曆，以陽曆紀農時，以陰曆紀年月，慶典的日
期按照陰曆紀時週期固定下來，節氣按照陽曆進行，因此造
成慶典週期和農耕週期、節日和節氣的分離，因此從節氣系
統中形成了節日體系。[090] 遠古時期的陶寺人民就已經具備
了觀天授時的能力，建立了最早的時間體系，古觀象臺作為
二十四節氣的源頭，充分說明那個時期人們對季節變化已經
有了最基本的認識。《尚書·堯典》關於仲春、仲夏、仲秋、
仲冬的記載同樣也可視為上古民眾對於節令的劃分。直到戰
國時期，二十四節氣產生，到漢代，二十四節氣的完備形態
出現，這是中國特有的歲時節日出現和形成的最初因素。歲
時的週期循環，也就構成了傳統社會民眾認識世界的時間概
念。[091] 從節氣系統中演化出的異彩紛呈的節日文化，承載著

---

[089]　鍾敬文：《民俗學概論》，上海文藝出版社，1998，第 131 頁。
[090]　劉宗迪：〈從節氣到節日：從曆法史的角度看中國節日系統的形成和變遷〉，
　　　　《江西社會科學》2006 年第 2 期，第 15-16 頁。
[091]　蕭放：《歲時 —— 傳統中國民眾的時間生活》，中華書局，2002，第 12 頁。

祖先對於自然規律的認識和理解，也反映出傳統社會民眾應時而作、張弛有度的生活節奏。

日復一日，年復一年，村落民眾在歲時節日的轉換中，度過一年又一年漫長的歲月。進入臘月，人們便為新一年的開始做準備，從初一拜年到除夕守夜，一年的時空循環中，包含了一系列傳統節日，它們在中國大地上更是有著悠久的歷史。無論是春節祭神祀祖，還是正月十五鬧元宵、二月二鬧社火，都伴有熱鬧異常的民俗活動；清明祭祖、端午辟邪、中秋團圓、重陽登高祈福等，均包含著人們的情感態度與心理寄託。餃子、粽子、月餅、臘八粥……這些節俗食品也因傳統節日的存在而被賦予了別樣的文化內涵。傳統節日既是中國人的時間制度，也是中國傳統文化的重要載體。它凝聚著中華民族的精神與情感，承載著中華文化的血脈與精華。節日不同，民俗活動也有差異，以年度為週期，循環往復、週而復始。在歲時節日期間舉辦的各類民俗活動帶給民眾新鮮和娛樂，同樣也調整了人們的生活節奏和人際關係，在歲時民俗中，民眾的情感得以宣泄，生活也增添了別樣的色彩。

自古以來，陶寺村民日出而作、日落而息，鑿井而飲、耕田而食，在長期的生產生活中，形成了許多陶寺節日民俗。一年的時間中，在人們重視的節日裡，他們或祭祀天地祖先，或走親訪友聯絡感情，或舉辦活動娛神娛人等，均透

露出陶寺民眾的生動態度。從整體上看，陶寺節日習俗帶有
明顯的農業社會的特點，農忙期間，節俗活動很少甚至沒有；
在農閒時候，節俗活動多樣，春節前後最為典型。俗語「受
了一年，就盼過年」生動形象地表明了歲時節日對於村落民
眾生活的調節和心理的需求。在節俗活動中，永恆的推動力
便是人們祈求風調雨順、五穀豐登、人畜興旺的心理訴求，
所以無論是農閒還是農忙時候的節俗活動都脫離不了人壽年
豐的主題。從陶寺所在的臨汾地區來看，當地在塑造文化上
十分重視地方節日活動的舉辦，具體如陶寺村，主要對村落
中的二月二社火節進行全方位的恢復和支持。

不容忽視的是，陶寺村中其他傳統節日也有著獨特的文
化內涵和歷史底蘊，對其進行全面關注、發揮不同節日文化
的資源優勢才是復興村落節日文化、豐富現代民眾精神生活
的途徑所在。

本章內容依據文獻記載和口述調查，在詳細分析介紹陶
寺村及周邊地區節日習俗文化的基礎上，探討節日背後民眾
的非日常生活、情感表達和心理希冀，並對當下陶寺村進行
的節俗開發內涵加以闡述，針對陶寺村節日文化資源的基本
情況，提出具有可行性之建議，以期促進陶寺村的村落文化
發展。

一、喜慶年節，多樣風俗

正月期間的節日為春節和元宵節，均為傳統節日中較大的節日。春節作為中國最隆重熱鬧的傳統佳節，從漢代延續至今。在中華民族傳統習俗中，正月初一被定為春節，但春節活動從臘月就開始了，臘月二十三是小年，這時起，人們就開始為春節做準備。流傳較為普遍的準備活動有：二十三，糖瓜黏；二十四，掃房子；二十五，糊窗戶；二十六，煮大肉；二十七，殺公雞；二十八，把麵發；二十九，蒸饅頭；三十晚上熬一宿，大年初一扭一扭。（〈臘月歌〉）[092] 春節前，人們開始除舊布新的準備工作，迎接新年的到來。春節將祈年祭祖、合家團圓、娛樂慶賀融為一體，其參與度之高是一年中所有的歲時節日都無法媲美的。春節過後，便是熱鬧的元宵節，節期為新年後的第一個月圓之夜，古代稱夜為宵，故叫元宵節。在元宵節的主要活動是觀燈賞燈、燃放煙火鞭炮，道教則稱其為「上元節」。元宵節的節俗食物為元宵，又稱「湯圓」，承載了民眾新的一年圓滿順遂的美好心願。

對於陶寺村正月期間的節俗活動，從以下幾個方面來介紹：

---

[092]　武占坤：《中華風土諺誌》，中國經濟出版社，1997，第 756 頁。

（一）春節前

1. 臘八節

臘八，即農曆臘月初八，這一天要吃用五穀雜糧和各類堅果煮成的臘八粥，也要做臘八蒜。在這前一天，村民提前將稻米、小米、薏米、綠豆、花生、核桃等泡好備用，在臘八當天，再加入紅棗、桂圓乾、葡萄乾等物，煮熟後加入冰糖或白糖，家中男女老少都要來一碗熱騰騰的臘八粥。臘八粥具有健脾養胃、補氣安神等的功效，又寓意五穀豐登和勤儉節約的含義。在臘八這天，除了吃臘八粥外，還要醃製臘八蒜，山西是「陳醋之鄉」，用老陳醋醃製臘八蒜是陶寺地區乃至華北地區的傳統習俗。臘八蒜製作方法非常簡單，將剝好的蒜瓣放入瓶罐中，倒入老陳醋，密封好，蒜會慢慢變綠直至通體翠綠，如同翡翠一般，放置七天後便可食用，搭配食物通常為餃子。

在除夕夜和正月初一有餃子的飯桌上，通常用臘八蒜作小菜。

2. 臘月二十三祭灶

「臘月二十三，灶王爺上天」這一俗語廣為流傳。臘月二十三，俗稱「小年」，陶寺村民在當天晚上要做好烙餅夾上糖瓜（用麥芽糖做成的瓜型甜品），放在灶臺上，送灶君

爺上天，負責祭灶的家中成員（通常為家中主婦）在祭祀的時候通常嘴裡還喃喃：「灶王爺上天言好事，保佑我們一家人平平安安的。」在陶寺也有祭灶的諺語流傳：「灶爺爺，你聽著，我在這裡把頭磕，上天多把好話說，初一回來別耽擱。」[093] 相傳灶王爺是多嘴多舌的神，經常向玉皇大帝報告民間浪費糧食，玉皇大帝知道後就不讓龍王給民間降雨。糖瓜吃了黏牙，把糖瓜供奉給灶王爺就是想黏住灶王爺的嘴，讓他向玉皇大帝報告不成，也有傳說是糖瓜是甜的，灶王爺吃了嘴就甜，上天匯報的就是民間的好事。在村民家中灶臺上多張貼灶王爺和灶王奶奶神像，旁邊還附有對聯，內容多為：「上天言好事，下界保平安」、「上天言好事，回宮降吉祥」，橫批多為「東廚司命」、「一家之主」。在民眾觀念中，灶王爺是各自家中的保護神，村落中的家家戶戶都設有「灶王爺」神位，灶王爺也被賦予了神界與人界上傳下達的職能。祭祀灶王爺的習俗寄託了村落民眾祈求福佑的美好願望，也是提醒村民要恪守勤儉節約的好習慣。

過了臘月二十三，人們便開始為迎接新年而忙碌，過年的熱鬧氣氛在村落中逐日濃厚。在陶寺村人們常說：二十四、二十五掃塵土，二十六去割肉，二十七、二十八貼窗花，二十九炸麻頭、蒸年糕等，還要置辦年貨，紅紙、香燭、鞭炮及各類堅果糖塊，一直忙碌到除夕晚上。

---

[093] 陳玉士、喬建軍：《龍鄉陶寺》，山西人民出版社，2005，第 165 頁。

3. 除夕

也叫「守歲」，人們常說「臘月三十兒」。在這一天白天裡，村民緊張又歡快地對房屋做最後的打掃整理，要貼窗花、貼門神、掛年畫、割柏枝，設天地祭桌，張貼春聯，洗碗刷鍋，剁餃子餡。夜裡，一家人圍在一起包餃子，餃子裡還要包硬幣，誰吃到的話，來年就會有好運。除夕夜，村裡家家戶戶一派其樂融融的祥和景象。到了凌晨，家家戶戶響起鞭炮聲、禮花聲，小孩子也拿出各類鞭炮玩耍，大人們拿出為過年準備好的衣服，全家一起煥然一新地迎接新一年的到來。

下面具體對上文提到的陶寺村年節中具有村落特色的節俗事項做一介紹：

（1）貼春聯

在陶寺乃至臨汾一帶，除夕前家家戶戶要張貼好對聯，且講究有門必貼。春聯多為祈福內容，人們認為貼上這些象徵幸福、好運、平安的內容會保佑一家人幸福美滿、順順利利，也表達了迎春接福的美好祝願。糧倉、畜圈、車輛上也會張貼條幅、斗方。內容大多為「五穀豐登」、「五福臨門」、「抬頭見喜」、「四季平安」之類的內容。貼春聯也有一定的講究，要求自右而左，先上聯後下聯，位置不能顛倒，否則會被看到的路人笑。

(2) 掛年畫

　　臨汾一帶民間自古就有掛年畫的習俗。明清時期，臨汾城有十幾家畫店作坊，襄汾、洪洞、曲沃、侯馬和其他縣，印年畫的店更多。進入臘月，城鄉市集上，多有設攤賣畫，是地方社會的一種風俗。民間也流傳「二十七八，上街買畫」的說法，平陽木版年畫是臨汾地區民間較為流行的年節民俗物品，起源於平陽府（臨汾市），是年節習俗的重要民俗工藝品，多根據臨汾地區的民間信仰、民眾生活和心理需求創造出作品，有驅邪鎮宅的保護神畫、降福納吉的天地神畫，還有戲曲畫、人情風俗畫和帶有吉祥寓意的花鳥魚獸畫等。村民多購買門神畫、公雞圖、灶王爺畫等，張貼在家中。臨汾地區門神畫除了傳統的神荼鬱壘、秦瓊尉遲恭外，還將當地崇拜的堯王作為門神。將堯王作為門神，是祈求天官賜福的寓意。年畫還有公雞圖，相傳這一習俗來自帝堯時期。晉王嘉《拾遺記》中記載：「堯在位七十年……祇支之國獻重明之鳥，一名雙睛，言雙睛在目，狀如雞，鳴似鳳……能搏逐猛獸虎狼，使妖魔群惡不能害……今人每歲元日，或刻木鑄金，或圖畫為雞於牖上，此之遺像也。」[094] 由此可見，公雞圖源自帝堯時期的「重明之鳥」，寓意保家看戶、抵禦邪惡。公雞圖上通常還配有牡丹、柿子、如意、蝴蝶等圖案，表達富貴吉祥、事事如意、健康長壽等的美好心願。公雞圖一般張貼在牆壁上或是進門的照壁上，圖案鮮明又引人注目。灶王圖也是年畫的重要一類，在上文「祭灶」中已經介紹，在此不過多說明。

---

[094] ［東晉］王嘉：《拾遺記》，中華書局，1991，第 26 頁。

（3）貼窗花

在陶寺村，進入臘月，村裡的巧手就用彩紙裁剪窗花張貼在窗戶上，村中市集上也多售賣窗花。除夕日，村民家中的窗戶上便已張貼好色彩鮮豔、內容豐富的窗花，內容多為人物、花鳥魚獸等，寓意「龍鳳呈祥」、「雄雞報曉」、「花開富貴」等，表達了陶寺村民新年的美好祝願。

（二）春節

正月初一早上，各家各戶就開始「接神」。鞭炮聲在村落中此起彼伏，人們穿戴一新，在自家院中設好的供桌前點香、磕頭、燒紙，迎接天地諸神和祖先。供品有麵塑類食品、炸糕、瓜果、酒等。「接神」儀式還包含燒旺火、燒柏枝等的活動。

燒旺火。《平陽府志》記載：「元旦，夙興燒柏葉，或焚束薪，名曰『興旺火』。」[095]旺火一般在院子中設好的天地神位前，由玉米稭、穀物類稭和芝麻稭等架起，上面覆蓋松柏枝，點燃旺火，燒起來發出噼裡啪啦的聲音，極為喜慶。繚繞的濃煙則能趕走一切牛鬼蛇神和病魔，保佑一家人在新的一年裡平安順遂。

柏枝是旺火中必需的一項，襄汾各村正月初一早上有燒

---

[095]　孔尚任總纂：《平陽府志・卷二十九（風俗）》，山西古籍出版社，1998，第858頁。

柏枝的習俗。在除夕當天，要提前準備好柏樹枝備用，初一早起要燒掉。《襄陵縣志》有「元旦，夙興爁柏柴」[096] 的記載，在襄汾一帶，相傳這一習俗的由來與「九頭鳥」有關，九頭鳥每叫一聲就會滴下一滴血，這血沾在人畜身上就會導致其死亡，牠只在正月初一天不亮的時候出來尋食。一位神仙給村民託夢：要避開九頭鳥的話，就得燒柏樹枝。就這樣，初一天不亮的時候，家家戶戶在院子裡大燒柏樹枝，濃厚的氣味直衝雲天，九頭鳥就被熏走了。燒柏枝的習俗在襄汾一帶也就流傳了下來。

挑頭擔水。在正月初一這天早上，陶寺村還有挑頭擔水的習俗。在村民的觀念中，大年初一是新一年的開始，起床早晚能看出這一家人的勤懇與懶惰，所以人們爭先恐後地去挑頭擔水，水是財富的象徵，保持水缸滿滿的，預示在新的一年裡財源旺盛。[097]

拜年是貫穿整個年節的一項重要活動。在正月初一，陶寺村民要去本家長輩家中，按照輩分依次拜年，進入家中，要先在正廳祖先神位前燒香叩拜，緊接著再向長輩拜年問候，長輩會給小輩壓歲錢。依照次序給各位長輩拜過後，才可回到自家。向本家拜年結束後，還有走村串戶、訪鄰問友的。拜年習俗是春節最富有人情味的一項活動，家族親情在

---

[096] 襄汾縣志編纂委員會翻印《襄陵縣新志・太平縣志合刊》，1986，第63頁。
[097] 王德功、尚文：《陶寺村史》（內部資料），2000。

這其中得到昇華，友鄰間的拜年可以維繫和促進村民間和諧
人際關係，中華民族尊老愛幼、和睦鄉里的傳統美德在拜年
習俗中得到淋漓盡致的展現。

（三）送窮節

正月初五，又稱「破五」，也有諧音「潑汙」的含義。
在臨汾一帶，民間認為初一到初五期間，請來的神靈均在家
中，為表示對神靈的虔誠和尊敬，家中就會有一些禁忌。
過了初五這天，禁忌就可解除。還有說法是初五為「送窮
日」，這一天要迎財神，商家開市貿易。而民間稱之為「潑
汙」的含義則是家家戶戶中把累積的穢物全部倒掉，家裡家
外打掃一遍。這一天村民一般不出門。傍晚時候還要送祖
宗，先在祖先神位前燒香叩拜後，再將牌位放入神龕，清明
節、七月十五或祖先祭日時再拿出來供奉。初五過後，陶寺
村裡要請劇團唱三天大戲，每天唱三場，村裡男女老少都前
來看戲。

對於正月初五「送窮」的說法，在臨汾一帶民間有相關
傳說。上古時期顓頊帝生有一子，穿上新衣就將其撕爛，
人都叫他「窮子」。[098] 後來就演變為在正月初五這天打掃家
中，稱為「潑汙」、「送窮」。反觀現在，隨著時代的發展，

---

[098] 楊迎祺：《堯都風情拾萃》（內部資料），堯都區三晉文化研究會，2006，第
174頁。

正月初五成為商家開市營業的時間點，相應地就帶有敦促民眾從新年的放鬆日子中走出來。時代賦予節日新的文化內涵，同樣是節日適應時代發展而出現的新變化。

（四）元宵節

在《襄陵縣志》中記載傳統社會襄汾地區元宵節城市熱鬧程度較鄉村更高，縣誌中這樣說道：「元宵，城市插立燈架，彼此銜接，通街徹巷，蟬聯不斷，上列小油盞，晚間遍燃之，金光燦燦，望之如萬點明星。扮社火、唱秧歌，鬥龍燈，跑旱船者，不一而足，穿街度巷，鑼鼓喧天，夜半方罷。鄉村以小瓦盞點油燈，遍列門市而已。」[099]《平陽府志》同樣記載：「鄉村以小瓦盞點油燈，遍列門室，蒸麵作魚蛇置燈旁日伴燈。」[100]

元宵節自古以來就是重要的傳統節日之一，因這一日萬民張燈，又被稱為「燈節」，又因為這一日家家戶戶要吃元宵，所以叫「元宵節」。在臨汾、襄汾一帶，傳統社會元宵節就極為熱鬧，社火、秧歌、龍燈、鑼鼓表演不斷，熱鬧非凡。

在陶寺村，正月十五元宵節這一天，要祭拜祖先，完畢後捲起祖先堂的祖先像等。到了晚上，一家人要一起吃元

---

[099] 襄汾縣志編纂委員會翻印《襄陵縣新志·太平縣志合刊》，1986，第 63 頁。
[100] 孔尚任總纂：《平陽府志·卷二十九（風俗）》，山西古籍出版社，1998，第858 頁。

宵，元宵通常為糯米粉或軟黍麵製作，裡面包砂糖、芝麻、花生、青紅絲、葡萄乾等物，餡料十足。全家圍在一起吃元宵，意為家庭團圓和美。村民在這一日還要鬧紅火，石家角、南河裡、北邊胡同、西北角等的村民集聚一起，進行各種文藝節目的表演。元宵節這天全鄉各村的表演團隊齊聚陶寺，鑼鼓表演、耍龍燈、跑旱船、舞獅子、高蹺、抬閣，也有唱家戲（即家亂彈）。[101] 晚上，絢麗的煙火燃起，成了村落中最美的景緻。陶寺村志中也記述了元宵節期間村中的活動，村志中這樣寫道：「白天敲鑼打鼓鬧社火，晚上張燈結綵鬧紅火，一到晚上，廟前燈火通紅，龍蛟蟒舞動，旱船、竹馬、二鬼摔跤、閃桿、牛鬥虎、花鼓、秧歌，山西一絕雄獅登塔等輪流上場，令人眼花繚亂，如有一家晚上不出演，其他兩家就朝你住的地方，用耙子勾竹竿捅，使你不得不出來，就這樣一直鬧到二月二日朝土地送瘟神為止。」[102] 元宵節可以說是春節期間的又一高潮，喜慶氣氛在陶寺村洋溢著，村民或欣賞演出，或參與其中，個體的情感、集體的宣泄，交織在多姿多彩的元宵社火中。

---

[101] 曹志恩：《平陽古村落襄汾陶寺》（內部資料），《平陽歷史文化叢書》，2011，第 33 頁。
[102] 王德功、尚文：《陶寺村史》（內部資料），2000。

（五）添倉節

在臨汾一帶，農曆正月二十為「添倉節」。《襄陵縣志》記載：「二十日炊煎餅，裹以雜餡，謂之卷煎，用以祀神，並置庚廩中，名日添倉。」[103] 添倉節習俗早已存在，通常在這一日要吃春餅（又稱煎餅）、春捲（又稱捲捲）。臨汾一帶有諺語：「吃了餃子吃圓蛋（元宵），趕到二十吃捲捲」。捲捲的製作方法簡單：將調製好的麵糊倒在鏊子上，攤成薄薄的一層餅，捲捲裡要加各色小菜，有豆芽、粉條、炸豆腐絲、韭菜、蘿蔔絲、菠菜等，將其拌好裹在攤好的薄餅裡，捲起來再放入鏊子中加熱，這樣就可以吃了。捲捲是陶寺人熱愛的一道節俗食品，顏色微黃、口感清爽、味道鮮美。捲捲做好後，要先整齊地擺好一盤，供奉在祖先神位前，並磕頭祭拜。到了晚上，人們將捲捲切成小段，投放到米缸、面缸等盛放食品的容器中，希望今年是一個豐收年，嘴裡還要念叨著：「米缸裡面缸裡滿著，娃娃在炕頭上亂翻著」，這一過程意為「添倉」。

正月二十，已是年節的尾聲。人們將年節裡剩下的各類菜色，一併捲入其中，表示春節已結束，村民要開始投入到農事活動中去了。所以在堯都一帶有俗語：「二十吃捲捲，年節就過完」，隨後便要開始春耕。也有說法是這一習俗源自帝堯時期，是帝堯時期的遺風使然，帶有濃厚的農耕文化色彩。

---

[103] 襄汾縣志編纂委員會翻印《襄陵縣新志·太平縣志合刊》，1986，第64頁。

二、二月初二，社火異彩

在臨汾一帶，二月二為祭祀土地神的日子，相傳這一日是土地神的生日。縣誌有載：「二月二日祀土地神。」[104] 陶寺村也有在這一日送瘟神的習俗，二月二這天，村民敲鑼打鼓、踩高蹺前往村裡的土地廟進行祭祀，隨後再返回珍珠塔燒香，預示新的一年裡順遂如意、風調雨順、五穀豐登。

在民間，二月二還有「龍抬頭」的說法，這與二十四節氣中的驚蟄有關，驚蟄為萬物復甦的日子，有的地方還要在這一日裡往牆角撒上爐灰，稱為「圈龍」，還要進行打掃，為驅蟲的意思。二月二春回大地，萬物滋生，驚蟄又來，農事也就開始了。

陶寺村二月二社火節在近些年才得以恢復。傳統社會的陶寺村二月二只祭拜土地神，後隨著陶寺遺址的發現，陶寺因而被認定為華夏龍的誕生地，在當地還有二月二日為帝堯誕辰日的說法。2013 年起，為配合當地辦理「帝堯文化旅遊節」，陶寺恢復二月二龍抬頭社火節。以「天塔獅舞」為主打，並帶動周邊各村的威風鑼鼓、旱船、秧歌等傳統社火節目，同時又注入富有時代內涵的新內容，如現代歌舞等活動。從節日內容安排和方案制定上看，現如今陶寺二月二社

---

[104]　襄汾縣志編纂委員會翻印《襄陵縣新志・太平縣志合刊》，1986，第 64 頁。

火節組織嚴謹、規模擴大、內容豐富。社火節表演節目有民間傳統藝術類和現代類節目，傳統藝術類節目均為歷史上流傳至今的社火表演。由於陶寺二月二社火節的恢復是在帝堯文化宣傳的大背景下進行的，所以在節日期間，地方社會對傳統民間藝術類節目進行解釋，以 2019 年為例。為便於直觀地了解，這一內容以表格的形式呈現：

表 2　2019 年二月二龍抬頭社火節民間傳統藝術及地方解釋表

民間傳統藝術	表演者	地方解釋
龍騰九霄	縣陶寺天塔獅舞藝術團	「二月二，龍抬頭」，蒼龍星出現在東方的天空，這一日，春回大地，樹綠鳥鳴，萬象更新；九條龍騰雲駕霧，送來吉祥如意。陶寺做為帝堯之都、中國之源，不僅有考古的支撐，更有風物和傳說為證。傳說二月二是帝堯的生日，而在這龍抬頭的日子裡，舞龍也成了陶寺人紀念帝堯誕辰，祈求風調雨順的傳統習俗。
威風鑼鼓	安李村	早在 4,000 多年前，帝堯邦國的臣民就擊鼓而歌，感謝帝堯的仁德，感謝蒼天的恩澤，感謝大地的饋贈。威風鑼鼓鼓聲包含著中華民族五千年的變遷，激盪著三皇的豐功，歌頌著五帝的偉業，蕩漾著漢唐雄風，彰顯著炎黃子孫、中華兒女奮發向上的英姿，威風又雄壯。

旱船	安李村	巍巍崇山見證了帝堯古都的歷史滄桑，悠悠汾水見證了龍鄉陶寺的千年變遷。現如今的節慶活動中，人們滑動旱船還透露著千年巨變的歷史資訊。它告訴人們，4,000 多年前的帝堯時期，一場巨大洪水給民眾帶來了無窮的災難，堯帝領部眾治理洪水，歷經鯀禹父子兩代的努力，才使當時的「中國」水歸其流，黃河入海。而洪水退後，陸上行舟，也就成了古都民眾紀念帝堯的方式之一。
抬閣	安李村	陶寺見證了上古帝堯的觀象授時、漢留侯張良的功成歸隱留下了一串串故事，一段段歷史。正是在陶寺鄉的安李村，唐太宗李世民北討劉武周被困，安李民眾不顧危險，掩護李世民脫困，才有了貞觀之治和輝煌的大唐帝國，唐人才成了世界華人的代名詞。安李的抬閣，就是這幾千年歷史的見證。
天塔獅舞	縣陶寺天塔獅舞藝術團	龍鳳呈祥、獅舞太平，帝堯古都的千年文化沃土，孕育了陶寺豐富的民間文化，誕生了集驚、險、奇、絕、美於一身的「天塔獅舞」，它演千年而不衰，走遍大江南北，它是陶寺人不畏艱難險阻，勇攀高峰的精神寫照，是襄汾民間文化的代表。

資料來源：2019 年農曆二月二陶寺社火節現場錄音整理

二月二社火節「舞龍」
攝於 2019 年 3 月 8 日

二月二社火節安李村「威風鑼鼓」
攝於 2019 年 3 月 8 日

二月二社火節廟會
攝於 2019 年 3 月 8 日

　　表格內容可直觀地看出，二月二社火節民間傳統藝術表演隊伍主要涉及村落為陶寺村和安李村，陶寺村主要以「天塔獅舞」進行表演，安李村則提供其餘社火節目，往年還有陶寺鄉劉賈村、李莊村等附近村落參與。二月二社火節聚集了附近村落的社火節目，集中在陶寺關帝廟前表演，成為地方文化交流的一種途徑。

　　二月二社火節是當下陶寺村最為活躍的一個節日，各項民間文藝在這裡表演，民眾記憶中的社火情況在節日期間重新上演。

三、歲時節俗，萬種風情

在村落社會中，傳統的節俗活動內容豐富、難以盡述。即便隨著社會歷史的發展，歲時節俗被融入新的內涵，但終歸到底，是民眾的期盼心理推動著節俗的產生和發展，期盼五穀豐登、風調雨順、平安健康等。從一定意義上看，歲時節日滲透了民眾的情感觀念，節俗的展演則培育區域社會民眾的共同體意識，形成了村落認同。春節和二月二社火節是陶寺節俗的重要內容，當然，一年的週期轉換中，還有許多節日是構成村落社會民眾生活的重要時間節點，在節日期間，民俗觀念開始發揮它的作用，消災祛禍、祈福求吉的心理訴求在節俗活動中展現得淋漓盡致。

1. 清明節

清明是二十四節氣之一，節期在每年的四月五日前後，清明也是人們祭祖掃墓的重要日子。作為農事節氣的清明，是農耕活動開始的象徵。清明時節，天氣轉暖，草木萌發。「清明高粱穀雨穀」、「清明麻，穀雨花」、「清明玉茭芒種花」、「清明有南風，夏來好收成」。[105]

在這陽春三月，生機勃勃的日子裡，村落呈現一派清明景象，也正如《歲時百問》中的解釋：「萬物生長此時，皆

---

[105] 臨汾地區民間文學集成編委會編：《堯都諺語》，1989，第 85-93 頁。（內部資料）

清潔而明淨。故謂之清明。」[106] 作為時序的象徵，清明是人們春耕春種的大好日子，人們依靠它來進行農事活動。襄汾人稱清明為「三月節」、「踏青節」，人們在房前屋後，山坡溝壑，植樹育苗。

襄汾一帶還流傳有民歌「三月三」和「植樹民諺」：

三月裡來三月三，家家戶戶上南山。

上墳祭祖去掃墓，要在墳頭把土添。

唉呦唉嗨呦，墳頭把土添。

為啥墳頭把土添，先人祖宗創業難。

後輩兒孫好好幹，前輩心裡才安然。

唉呦唉嗨呦，心裡頭才安然。（民歌〈三月三〉）

種樹栽樹，發家致富。柳樹沒娘，插上就長。

栽樹要好，深埋實搞。前人栽樹，後人乘涼。

栽上核桃種上棗，家家戶戶離不了。

桃三杏四梨五年，棗樹當年就還錢。

餵母豬，栽桐樹，三年變財富。

能把房子蓋。（植樹民諺）

作為歲時節日的清明節，融合了寒食節、上巳節等的風俗後，就有了禁火寒食、祭掃墳墓、踏青郊遊等的一系列活動。[107] 襄汾一帶清明祭墓通常在清明前五日進行，傳統社會

---

[106] 〈歲時百問〉，［清］富察敦崇：《燕京歲時記》，《帝京歲時紀勝：燕京歲時記》，北京古籍出版社，1981，第 57 頁。
[107] 鍾敬文：《民俗學概論》，上海文藝出版社，1998，第 147 頁。

便是如此，從縣誌記載中便可窺一二。縣誌有載：「清明，前數日，攜酒餚焚楮帛於墓，且加封焉。是日，蒸麵作魚蛇，饋送姻婭，男女結伴，詣龍鬥峪華神廟焚香，至則獻一雄雞，以針灸雞冠滴血以祀之，亦溉毛血之義也，俗稱千雞會。」[108]

清明是民眾上墳祭祖的日子，陶寺村民上墳有一系列步驟不可馬虎。上墳共分為五類，有「老老墳」（三代以上的老祖先），為清明前五天上墳；「小老墳」（祖先三代）；「新墳」（去年埋葬）；「舊墳」（二至三年內埋葬）；「鼓手墳」（職業為「鼓手」的墳，因其地位低，不受人尊重，故上墳日期為清明前一天）。

在陶寺村中，人們通常提前準備好上墳用的一系列祭品，用金燦燦的紙包好的元寶、紙錢，還要蒸「蛇饅頭」（形狀如蛇的麵食）、帶骨頭的豬肉（寓意後代既彪悍又有骨氣）、藕（寓意後代多些心眼），配備好各類酒菜，清明祭品通常為涼菜系列，一般準備 4～6 盤，有熟雞蛋、晾涼的雞蛋餅、涼拌蓮菜、涼拌菠菜豆腐、熟肉片等，還有婦女製作的各式麵食，稱之為「清明獻食」或「清明禮饃」。一家人上墳祭奠先人，貢品都整整齊齊地擺放在墳前，由族長帶領家庭成員點香祭拜，隨後放鞭鳴炮，為祖先倒茶添酒、燒紙填土，告訴後輩各墳墓都是哪位先人的，簡要介紹其生平。

---

[108]　襄汾縣志編纂委員會翻印《襄陵縣新志·太平縣志合刊》，1986，第 64 頁。

這個過程也有一定的講究，如墳前添土燒紙只能一次，不能燒兩次紙、添兩次土。隨後，上墳人群會坐在空地處休息片刻，閒話家族歷史、祖上先人事蹟，也是讓先人安心品嘗供品的意思。

休息過後，需要族內青年或兒童在墳頭滾「蛇饅頭」（蛇形饅頭），民眾對這一行為有如下解釋：一是據說吃了墳頭上滾過的饃牙不痛；二是說這是給先人搔癢；三是說是讓亡靈甦醒，接收貢品；四是說這可以沾上先人的靈氣，保佑平安。完畢後，族長把所有供品分給來上墳的每個人，但女孩、養子、招婿不予分配或不讓上墳。這一習俗反映出家族祭祀對於成員身分的嚴格要求，女孩雖為家族血脈，但最終要融入別的家族，養子和招婿不必說，即便融入家族中生活，但是只血緣親脈這一點，就將其從家族內部祭祀中排除在外，反映了古代的倫理觀念。

清明節前三天上新墳（死後超過百日的），前兩天稱「小寒日」，這是吹鼓手上墳的日子，這又是什麼緣故呢？在傳統社會，紅白喜事期間，吹鼓手通常不允許在正房前吹打，需在院子東南角進行表演，吹鼓手敲打正熱鬧的時候，和尚一旦進門，鼓手就得停下來等和尚唸完經後才能繼續吹打。[109] 在傳統社會，社會地位高低決定社會活動的層次，吹

---

[109] 王德功、尚文：《陶寺村史》（內部資料），2000。

鼓手被稱為「下人」，社會地位低下，甚至不能和其他民眾同一時間上墳。清明當天是為沒有超過百日的死者上墳的日子，有的人家還要去南岱山燒紙。通常上墳祭奠完畢後，歸途便是人們踏青郊遊的時刻，還會趁機挖各類野菜，春和景明，一路上人們說說笑笑，好不熱鬧。

2. 端午節

　　端午節在農曆五月初五，又稱端陽節。縣誌有載：「五月五日，**繫五色絲**，懸艾虎，食角黍，飲雄黃酒，婦女配硃砂袋。」[110] 民謠也唱到：「五月五來五月五，糯米粽子過端午，家家門上插艾葉，姐妹頭上戴艾虎。」 在襄汾乃至臨汾一帶民間社會，自古就有在端午節這日包粽子、**繫**五色絲線、飲雄黃酒、插艾等習俗。

　　端午吃粽是全國各地端午節俗內容之一，在陶寺地區亦是如此。粽子由糯米或黍米包上紅棗或蜜棗。或是用黍麵包上煮好的紅豆做成炸油糕，是夏節的一種節俗食品。民間也有「吃了端午粽，就把棉衣送」的說法。

　　端午節還有插艾的習俗。艾，有家艾，也有野艾，也稱為艾蒿，是一種香味特別的芳香植物。艾葉味苦，可以治病。村民通常將野艾擰成艾繩，將其晾乾收藏好，到來年點燃後用來驅逐蚊蠅防止疫病。民間所說的「五毒（毒蛇、蠍

---

[110]　襄汾縣志編纂委員會翻印《襄陵縣新志·太平縣志合刊》，1986，第 64 頁。

子、蜈蚣、壁虎、蟾蜍）在端午時節開始活躍，毒蟲滋生、疫病易犯，嚴重威脅著人畜的健康。為了祛邪、除毒、避瘟，人們便用艾葉禳災辟邪，將其懸掛於門兩側。端午節還要在小孩身上銜艾虎，艾虎是村中婦女製作的手工藝品，通常做成一個唯妙唯肖的虎頭型飾品，雙耳、鬍鬚具備，將其畫成虎頭形，裡面裝有蒼朮、白芷、雄黃、艾草等物，老人也會給孩童做香包繫在小孩衣服扣上，用來祛病辟邪，也有平安吉祥的含義。

除此之外，人們在端午節這日，還要灑雄黃水、飲雄黃酒等，殺菌除病，各項習俗活動均展現出避瘟祛毒、祈求健康長壽的主題。

3. 中元節

中元節為農曆七月十五日，道教稱之為「中元節」，佛教稱為「盂蘭盆節」，民間則稱之為「鬼節」。中元節的產生，與中國古代祭祀土地的傳統有關。道教神系中有天官、地官、水官三位神靈，在道教觀念中，天官生日為正月十五（上元節），為民間賜福；地官生日為七月十五（中元節），為人間赦罪；水官生日為十月十五（下元節），為人間解厄。佛教則將中元節融入佛法教義，並借助儒家的倡導，將其演變為強調「孝親」的佛教節日。

臨汾一帶，中元節是祭祖的日子。縣誌有載：「中元薦

麻谷，佐以果羞，祭於寢。」[111] 在民族觀念中，中元節是「鬼節」，這一個月中，陰間鬼門大開，俗諺有「七月十五是中元，閻王開放鬼門關」、「七月半，鬼亂竄」、「七月初一開鬼門關，七月三十關鬼門關」等的說法。陰間的各種孤魂野鬼在民間遊蕩，為防止被野鬼纏身，人們會到村外荒地中焚燒紙錢，所以有說法「七月十五，餓鬼當道，燒點紙錢，撒點米糟，力行孝心，心事了了。」通常人們在為這些孤魂野鬼燒紙錢的時候嘴裡還念叨：「四方遊魂，來者有份，若還有靈，當行方便。」民眾所念「咒語」有一定的緣由，人們通常認為，自己親人去世後到了陰間，在冥途中會遇到孤魂野鬼索要錢財，生者為這些孤魂野鬼燒紙錢是祈求它們多行方便，不要為難自家親人，並能夠早日超脫。七月十五祭祀孤鬼，也可視為是民眾憐憫之心的展現。

在陶寺村，七月十五是紀念家中逝者的日子，前一日在大門口燒紙把死者的靈魂接回家中，十五當天早上、中午各祭獻一次，當天晚上把陰靈送走。逝者為十週年的話，祭祀較為隆重，親朋好友都來參加，兒女要做好多衣物、鞋襪，也要準備金山銀山、花圈、紙幡等紙紮供品，在墳前焚燒祭拜。以此種種均是表達生者對逝者的哀思，希望逝者在往生世界裡能夠極樂安康，保佑家族後人一切順遂。

---

[111]　襄汾縣志編纂委員會翻印《襄陵縣新志·太平縣志合刊》，1986，第 64 頁。

4. 中秋節

八月十五中秋節，因這一日月圓，是全家人團圓的日子，故有團圓節之意。在中秋節這日，人們準備好瓜果吃食，在晚上月亮高懸的時候祭天拜月、飲酒賞月，通常白天包餃子，晚上吃月餅。縣誌記載襄汾一帶：「中秋饋瓜餅，拜月居飲。」[112] 流傳至今，習俗依舊如此。

中秋節在村民的觀念中，是收穫的節日。村中百姓經過春夏耕種的辛苦勞作後，在中秋得到收穫。玉米、穀子、黃豆、綠豆、瓜果桃梨無不豐收。家家戶戶都有各式各樣的月餅模子，圖案有月宮、菊花、月兔、雙喜等，一到中秋節，村民便將其拿出來，用收穫的各類果實做成可甜可鹹的月餅，俗稱「打月餅」。甜的裡面包上棗泥、豆沙、五仁；鹹的裡面有椒鹽等，村民製作的月餅與購買的月餅相比，少了添加劑，多了鄉村風味，吃起來也更為香酥可口。在團圓的日子裡，一家人圍坐在院子裡，賞月、吃月餅、聊天，其樂融融。外出的人也要在中秋節回家團聚，但是出嫁的姑娘卻忌在娘家過中秋節，要在婆家過節。

---

[112] 襄汾縣志編纂委員會翻印《襄陵縣新志·太平縣志合刊》，1986，第 65 頁。

5. 寒衣節

　　農曆十月一日為寒衣節。這一日，是祭奠先人的日子，與清明節、七月十五中元節並稱為三大「鬼節」。縣誌有載：「十月一日，裁楮象衣，焚於墓前，或焚於門外，名曰送寒衣。」[113] 十月進入寒冬時節，為生者加衣禦寒的日子，按照民眾「事死如事生」的傳統觀念，人們通常想到死者也需要禦寒。所以陶寺村民就用五彩紙裁製成衣、帽、鞋、被作為供品，還要炸油糕作為祭祀食品。十月一為先人祭祀時，需將紙質的衣物、紙錢類全部焚燒乾淨，他們認為如果沒有燒盡的話，陰間的人就收不到，所以特別注重過程的認真細心。從中反映出生者對於逝者的哀思和追念。

　　與中元節一樣，寒衣節也要為孤魂野鬼燒紙錢、五色紙做的衣服類。通常於黃昏時刻在十字路口處，為孤魂野鬼焚燒，也是救濟無人祭祀的孤鬼，以免親人的錢財和衣物被他們搶去。

　　寒衣節通常還是為祖先遷墳、合葬、修墳、樹碑的日子，民眾習慣性選擇在這一天進行。

---

[113]　襄汾縣志編纂委員會翻印《襄陵縣新志·太平縣志合刊》，1986，第 65 頁。

6. 冬至

　　冬至，是二十四節氣之一，這一日，白晝最短，夜晚最長，氣溫也開始下降，民眾常說的「數九」，就是從冬至日開始，每九日為一九，正如民間歌謠所唱：「一九不出手，二九冰上走，三九四九凍破石頭，五九河開，六九燕來，七九和八九，耕牛遍地走，九九八十一，歇了帽子剝了皮（天氣變暖，脫厚衣服的意思）。」

　　在縣誌中記載冬至日活動，「冬至，祀先。親友相賀。」[114] 臨汾一帶在民國時期有冬至日宴請教書先生的風俗，意為「尊師重道」。[115] 在陶寺村有一大財主名為段成思，家有書房院，冬至日便有此習俗。

　　冬至日，陶寺村乃至臨汾一帶有吃餃子的習俗。據說吃了餃子不凍耳朵，這裡面有個典故。相傳有一人在冬天凍壞了耳朵，求醫聖張仲景治療，張仲景就用熱性的羊肉、大蔥和一些熱性的中藥材，將其切碎，用麵皮包成耳朵狀的食物，並稱之為「嬌耳」，病人吃了「嬌耳」，喝了湯之後，渾身發熱，兩隻耳朵就漸漸痊癒了。人們為了紀念張仲景，每年冬至這天，家家戶戶都要包餃子，也是為了不凍耳朵。這一習俗在全國很多地方都有流傳，至今仍為人們所遵從。

---

[114]　襄汾縣志編纂委員會翻印《襄陵縣新志·太平縣志合刊》，1986，第 65 頁。
[115]　楊迎祺：《堯都風情拾萃》（內部資料），堯都區三晉文化研究會，2006，第 222 頁。

　　除了上述節日之外，在陶寺村還有其他節日習俗存在，如六月六「曝書、曝衣、作曲，伏日合醬。」[116] 晒書晒衣，寓意一年裡不生蟲、不泛潮，女子要回娘家或探望親戚，要做乾餑餑（饅頭）作為禮品，取家庭豐收生活富裕的意思，也有家庭在這一日要製作醬，大約是氣候容易使其發酵的緣故。七月七日乞巧節，也有婦女在院子裡獻瓜果祭祀，臨汾民間有「年年有個七月七，天上牛郎配織女」的諺語，襄汾一帶有「七月七」歌謠：「年年有個七月七，天上牛郎配織女。伢本是一對好夫妻，是誰硬把伢拆散的。看把伢兩個恓惶的。三百六十天才見一次面哩，老天爺你可得行好哩，叫伢倆團圓到一搭裡。」

　　蒲劇也有傳統劇目《天仙配》為民眾所喜愛，也可視為是乞巧節對村落社會的影響。九月九日重陽節臨汾一帶有吃棗糕的習俗，很多村子都有結婚第二年的媳婦回娘家，為娘家蒸製一個直徑約 1 尺、厚約 2 吋的白麵棗糕，由媳婦的弟弟或姪子送來。棗糕上通常插上各色花鳥麵塑，寓意健康吉祥等。

四、節日開發，共話傳承

傳統節日是民眾非日常生活的表現和生活方式的表達，凝聚著民眾的情感認同，承載著傳統文化的精神內涵，是維繫村落社會和諧的重要紐帶，也是村落文化重建的重要資源所在。

除了對傳統節日的倡導與恢復外，還應注意到的是，一些迎合地方社會發展需要的新興節日的興起，正因為節日在人民生活中有著非常重要的地位，所以借助「節日」的稱謂來進行宣傳更容易為民眾接受，如各類以「文化旅遊節」的新興節日在各地如火如荼地進行，進而成為一種文化現象，甚至每年一屆的延續下來，為地方社會的民眾所接受。新興節日要適應地方社會文化體系，不能僅將其作為促銷的手法，正如鍾敬文所提出的，「節日，本是人們為適應生產、生活需要，在長期的生產實踐中自然形成的一種休整日。如果天天『過節』，鬧得人們不堪重負，那也就失去了節日本來的意義。」[117] 所以，地方社會打造文化旅遊節要結合本地實際情況，從長遠現實需求出發，堅持以滿足民眾精神文化需求作為根本出發點，這樣才能形成長遠發展的地方特色文化旅遊節。

---

[117] 鍾敬文：《民俗學概論》，上海文藝出版社，1998，第155頁。

（一）陶寺節日文化開發現狀

　　陶寺村節日文化豐富，帶有明顯的地域文化特點，現階段對於陶寺節日開發最典型的是對「二月二」節日，從 2013 年開始穩定舉辦握。另外，還有 2019 年在清明節基礎上進行的「古清明節」活動，同樣是對地方節日創新的嘗試。

1. 從祭祀土地到宣傳帝堯 —— 「二月二」的功能轉變

　　二月二在陶寺村本是祭祀土地神的日子，相傳二月二是土地神的生日，因此傳統村落社會的民眾在這一日有敲鑼打鼓前往土地廟祭祀的習俗。從另一方面來看，二月二臨近驚蟄，人們在春耕之前去祭祀土地神，也是祈求土地神保佑一年風調雨順、五穀豐登。相傳二月二節俗起源於上古時期的伏羲時代，伏羲重視農桑，每年二月二都要親自耕田，之後的黃帝、炎帝、堯、舜、禹都效法伏羲，久而久之便成為習俗。[118]

　　從天文學上講，二月二前後，是二十八宿的「蒼龍」抬頭之日，所以二月二也被稱為「龍抬頭日」，一些習俗也是圍繞「龍」觀念進行，又恰好是春耕播種的時節，所以也包含祭祀土地、祈求豐收的含義。

　　傳統村落社會中，農業生產是民眾日常生活的核心內容，節日的由來也多與農耕文化相關，陶寺村亦是如此。陶

---

[118]　馬清福、舒虹：《中華節令風俗文化：春》，瀋陽出版社，1997，第 216 頁。

寺村自古就有社火，是年節的重要節俗活動，是人們在農閒時節娛神娛人、放鬆身心、豐富生活的系列活動。現如今，正月期間也延續著傳統社會的社火表演，活躍地方民眾的生活。需要注意的是，社火表演不僅在正月期間進行，在二月二也是社火表演的重要時間節點，被稱為「二月二龍抬頭社火節」，淡化了祭祀土地的含義，而是以宣揚帝堯文化為主，二月二被賦予了新的時代內涵。

陶寺遺址出土了蟠龍紋陶盤，是目前中原地區發現的最早的「龍」形象，而陶寺遺址的發現，也使陶寺被冠以「龍鄉陶寺」、「最早中國」的稱謂。臨汾自古為帝堯之都，近些年為發展文化旅遊，臨汾市便極力打造、宣揚本地典型的地域文化 —— 帝堯文化，「帝堯文化旅遊節」便在這樣的背景下開展。陶寺遺址更是為帝堯文化增添了實證，地方文創就自然而然地將其納入其中。上文已提到，二月二龍抬頭社火節期間的節目表演，均被地方社會賦予了與帝堯文化相關的解釋，努力在二月二期間營造陶寺帝堯文化的節日氛圍，除了傳統的跑旱船、抬閣等社火節目外，更是突出與「龍」相關的節目，如舞龍表演、天塔獅舞，強調陶寺作為「龍鄉」的事實。在其他節目中，同樣融入具有陶寺地方文化色彩的宣傳標語，如 2017 年社火節「抬閣」中，「最早中國」、「龍的傳人」、「觀象臺」、「扁壺朱書」、「訪賢禪讓」等，主題

標語從地域、民眾、帝堯事蹟多方面極力展示帝堯文化，與
此異曲同工的是 2019 年社火節的「抬閣」表演，除了有「建
帝堯古都，創陶寺輝煌」、「帝堯之都，中國之源」之類的表
達陶寺當下村落文化重建成果標語外，更是圍繞堯的生平事
蹟將帝堯文化做成一系列的「抬閣主題＋文化內涵」的模式
進行宣傳。具體包括以下內容：

表 3　2019 年二月二龍抬頭社火節抬閣表演主題與文化內涵一覽表

抬閣主題	扮演內容 （人物均由孩童扮演）	帝堯文化符號及內涵
伊村出世	站姿少年帝堯	陶寺遺址西北約 25 公里處，有個古老的村子 —— 伊村。是傳說中「堯」的外祖父故居所在，也是「堯」誕生之地。 村口曾有一座高大的牌樓，上書「帝堯故里」，牆四面各有一城門，門上嵌有匾額，東刻「遮披堯光」，西鐫「堯天再造」，南書「堯天化雨」。現古牌樓、匾額均已無存。但歷史永遠記載著伊村曾經的風采靈秀。

仙洞成婚	一為坐著的帝堯，兩個站立著穿婚服扮演帝堯與其妻鹿仙女	臨汾西有姑射山，奇峰幽洞、層巒疊峰、蒼松翠柏、風景秀麗，可謂神山仙境。山中有仙洞溝。傳說帝堯到仙洞牧馬坡巡視，忽從山谷竄出一條巨蟒向堯撲來，危急時刻，鹿仙女傾手一指，巨渾身顫抖向山谷退去。過後二人相隨，回仙洞中互傾衷情，遂訂立婚約，擇期成婚帝堯與鹿仙女雙方結鸞伴於仙洞之中，當晚對面的蠟燭山上光華四射，照得仙洞如同白晝，後來人們便稱新婚之夜為「洞房花燭夜」。
席村求學	書僮打扮的帝堯	一日，堯遊走在鄧莊鎮西村，見一老者手拿壞木，另鬚髮皆白的老者，接過壞木，邊轉邊唱：「日入而息。鑿井而飲，耕田而食。帝力於我何有哉！」長吟一聲，遠處地上樹立的壞木倒下。人群中爆發出喝采聲！帝堯見老者，便深施一禮，向老者請教「帝力於我何有哉」之意。老者笑著說，上天之則，大地之律，帝堯廣授萬民，民不自食其力，豈可一味依賴國家，帝光聽罷豁然開朗，原來是要眾生自力更生，豐衣足食的意思。老人是何等的賢良，他拱手又拜，連稱老者為師。

陶寺建都	龍盤與帝堯	「龍盤」：陶寺遺址出土的「圭表」證明「中國」的最初含義是「在由圭表測定的地域上所建之都、所立之國」，破譯了最早「中國」的密碼。出土的彩繪龍盤對應了《竹書紀年》的記載，成為代表帝堯時期國家意志的國徽，使中華民族「龍的傳人」言之有據。
堯陵積冢	堯陵、華表模型	堯陵位於臨汾市堯都區大陽鎮澇河北岸，距市區35公里，依山傍水、山清水秀。祠宇依陵而建，陵周石山懸崖，陵墓由黃土堆積。堯陵祠宇建於唐之前，亭正中堅立著「古帝堯陵」四個大字的石碑。宇跡筆力雄健，莊重古樸墓封土丘。堯逝世後，萬民悲痛，人們不約而同，從數里外的土丘上挖土背負到這沙石岩丘上來，於是積土成山，留下此純淨黃土堆積的陵丘。
堯廟祭祀	上下兩層，均為坐著的堯帝	光廟是一座集納豐富歷史文化和五千年文明史的廟，俗稱三聖廟，每年的4月28日在堯廟舉行祭堯儀式並有廟會。是中國專門紀念堯、舜、禹三位先祖的廟宇。堯在4,000多年前就定都平陽，劃定九州，形成中國最早的格局，平陽成為華夏文明最早的發祥地之一，素有華夏第一都之稱。

陶寺博物館	龍盤、帝堯	陶寺博物館顯示出五千年前崇山山麓氣候濕潤，植被繁茂，帝堯在這裡帶領先民們築城建都，鑿井、製陶，發展農耕文明，打造觀象臺，「曆象日月星辰、敬授民時」同時出土的銅鈴、玉器、陶器、兵器、龍盤、扁壺文字、炊飲具、麻布紡織、木倉、儲糧器等上萬件文物，從中可以看出堯舜時的社會面貌，充分展示了陶寺文明的豐富內涵。

資料來源：根據 2019 年陶寺村農曆二月二龍抬頭社火節調查結果整理

從上表可清晰地看出，在地方政府主辦的二月二社火節，更多的是宣傳帝堯文化，依託各類社火節目和陶寺本地的遺址文化來廣而告之。現當代的二月二節日內涵發生了變化，迎合時代發展，極力展示陶寺文化，但仍需注意的是，雖然各類社火節目烙上帝堯文化的印記，但社火本身是傳統的，是村落社會民眾的集體記憶所在，所以陶寺村當下的二月二節日是傳統社火和現當代文化內涵的結合體，在活躍民眾精神生活的同時，也在強化民眾對於地域文化的認知。

2.「古清明節」活動 ——節日傳統與遺址文化的結合

陶寺古村落清明節活動歷來是以祭拜掃墓為主，是較為傳統的節俗活動。近年來，隨著陶寺考古工作的不斷進展，地方在開發當地遺址文化的同時，也關注到村落的節日文化，並將二者融合在一起，賦予雙方以不同的文化內涵。總而言之，這樣的措施不僅可以活化傳統，更可以為地方帶來商機。

以 2019 年 3 月 28 日陶寺考古隊籌劃的「陶寺古清明節」活動為例。活動主題為「緬懷先祖，傳承記憶」，活動內容為「觀測清明日出，緬懷先祖帝堯」。陶寺本地的清明節通常為作為節氣的清明前五天。《尚書‧堯典》記載：「乃命羲和，欽若昊天，曆象日月星辰，敬授民時。」在陶寺古觀象臺即可根據日出觀測到二十四節氣變化，3 月 28 日即為觀象臺觀測到的陶寺帝堯時期古二十四節氣中的清明節。活動地點在陶寺遺址觀象臺，凌晨五點，就聚集了參加這次活動的人群，考古工作者為參與者講解帝堯觀象授時的功績，參與者身穿活動提供的黃色馬甲，手持黃色氣球，在考古工作者的講解下，書寫陶寺出土文物扁壺上的古「堯」字，東坡溝羊倌大喊一聲「yao wo（堯王，指太陽）出來了！」之後，全體肅立，放飛氣球。

陶寺人有清明節祭祀先賢的傳統，陶寺遺址開發以來，陶寺作為「帝堯之都」也愈來愈得到證實，古觀象臺可根據

日出觀測到二十四節氣，與史實記載愈相吻合。而「古清明節」活動的開展將清明祭祀、觀測清明節氣、帝堯文化三者結合起來，緊扣陶寺文化資源，將節日文化資源、農耕文化資源與遺址文化資源共同融入這一時間節點內，地域文化特色也更突出。

「古清明節」活動現場　攝於 2019 年 3 月 28 日

古觀象臺觀日出　攝於 2019 年 3 月 28 日

「yao wo（堯王，指太陽）出來了！」　攝於 2019 年 3 月 28 日

書寫古「堯」字　攝於 2019 年 3 月 28 日

（二）陶寺節日文化開發展望

村落節日文化的傳承是傳統文化傳承發展的重要內容之一，節日文化源於農耕社會，經由時代的發展，不斷被賦予新的活動內容，形成適應當代社會變化的新的節日傳統。節日最典型的特徵是週期性，週而復始的節俗活動不斷強化著民眾對於村落文化、村落傳統的認知，開發活化則是傳承保護節日文化的重要路徑。陶寺村節日文化內涵豐富，但關於節俗活動，還是以傳統的內容為主，對其進行開發就需要借助當地的文化資源，具體來說，村落文化開發，一要圍繞當地的文化資源，二要發動地方力量，三要結合時代需求。當下陶寺村可供開發的較有優勢的節日如七夕節、重陽節、冬至節，詳細開發策略如下：

1. 七夕與文化遺產相結合

七夕作為「乞巧節」為人們熟知，「乞巧」之說起源於擅長織布的織女，村中姑娘多向其祈求心靈手巧、聰慧能

幹。襄汾地區各地擁有由眾多「巧手」製作的手工藝品，如女紅、麵塑、剪紙、太平繡球等，將其與七夕節相融合進行開發，可設為「七夕巧手節」這樣的節日活動。節日期間在村落公共空間進行展演，既突出了七夕節的主題，又宣傳了地方文化遺產，現場又可策劃一系列互動活動吸引周邊人群感受文化的魅力，擴大地方民俗文化的影響力，加強地方物資、文化和地域民眾情感的交流，同時人們也可在特殊的節日寄予美好的祝願。

臨汾一帶帝堯相關傳說極為豐富，其中帝堯之女娥皇、女英為嫁舜爭大小的傳說流傳較廣，二人圍繞納鞋底、煮豆子、趕路來進行比賽，其中納鞋底可視為是早期的女紅，是評定二人持家能力的重要標準。流傳到後世，針線、紡織、刺繡、縫紉等一系列代表女紅的活計成為女性必備的生活技能，後逐漸成為民間手工藝術。將七夕節與當地娥皇、女英傳說相結合，強調本地女神所具有的「巧」這一特徵，宣傳節日文化的同時，也涉及與之相關的地方傳說，依託二者打造富有地域文化特色的「巧女節」，同樣也是融合不同文化資源的重要措施，在擴大地方民俗文化的基礎上，同樣也帶動了地方文化旅遊事業發展。

2. 九月九與自然資源相結合

　　九月九重陽節是人們登高祈福、祈求健康長壽的節日。「遙知兄弟登高處，遍插茱萸少一人」（王維〈九月九日憶山東兄弟〉）的詩句廣為傳頌，是人們了解重陽節的另一種方式。作為傳統節日之一的重陽節，似乎不為人們所重視，從基本現實情況來看，高齡化加快，已經進入高齡化社會，養老問題成為的一個社會問題，關愛老年人也是當下社會愈益關注的問題，利用這一傳統節日為老年人祈求健康長壽，並開展尊老敬老活動，是當下社會持續關注老年事業發展的重要措施。

　　陶寺村自然資源豐富，村外塔兒山風景秀美，景色宜人，不失為休閒的好去處。塔兒山上有碑刻記載：「塔兒山是秀麗的山。山高峰險，山花爛漫，煙繞雲飛，景色奇觀。山中石景，千姿百態……極目環視，近看群山起伏，遠眺堯都風光，東視日出朝霞，西望汾水煙波，令人心曠神怡，流連忘返。」九月九日素有登高的習俗，將塔兒山登高與九月九連繫起來，立足於陶寺自然資源，將其開發為登高祈福之地，同時與塔兒山上崇山寶塔連繫起來，讓民眾在登山之餘，前往寶塔處燒香祈福，既可造成鍛鍊身體之效，又滿足了民眾的祈福心理。打造「九月九塔兒山登高祈福節」，吸引周邊乃至更遠處民眾來此鍛鍊身體、登高賞秋、祈福祭祀等，是當下陶寺村對重陽節開發的可行性建議。

3. 冬至與遺址文化相結合

同陶寺「古清明節」活動一樣，可將冬至節俗與陶寺遺址文化相結合，在這一日組織觀測日出、學習二十四節氣知識等活動，這一活動受眾主要針對中小學生，讓孩童在田野中學習自然知識和地方知識。

利用各類媒體進行宣傳，充分發揮媒體的影響力，擴大陶寺節日文化的吸引力，促使更多民眾參與進來，從整體上形成「陶寺節日文化體系」，讓民眾的精神生活更加豐富，地域文化也能夠更好地傳承發展。

第五章　歲時節日—傳統習俗源悠長

第六章
文化遺產 ── 民間藝術展風采

　　非物質文化遺產是藝術或文化的表達，是特定區域民眾集體智慧和創造力的表現。非物質文化遺產種類多樣，有表演藝術類、節日民俗儀式活動類和工藝技能類等。文化遺產是由非物質文化遺產構成的具有一定文化內涵的系列民俗事項，包括非物質文化遺產的表現形式、特徵、價值和與之相關的保護開發策略。

　　非物質文化遺產具有動態性、傳承性和地域性的特點。首先，非物質文化遺產注重的是動態的、精神的價值。動態性展現在民俗活動中的儀式、歌舞、戲劇表演等，還有器物類的製作工藝，它們都是需要民眾參與其中才能完成的，正是有了傳承主體的參與，非物質文化遺產也才有了生命力。隨著時代的變化和歷史的發展，傳承主體在不斷變化著，如從過去的個體手藝人傳承到現在逐漸形成的系統化和規模化傳承，隨之傳承的非物質文化遺產也有了相應的變化，這也正是其具有動態性特徵的重要原因。非物質文化遺產精神性的特徵是指在民俗活動的展演中、在手工技藝的傳承中，所傳承的不僅是儀式活動或技藝本身，還有傳承主體的信仰心理、價值觀念和情感表達。其次，非物質文化遺產最典型的特徵是傳承性。從歷時角度來看，文化遺產的傳承具有歷史悠久性特點，多以口傳心授的模式進行，所以非物質文化遺產多具有師徒傳承性和家族傳承性的表現形式，也正是有了

這樣嚴密的傳承體系，才使得大量優秀的工藝類非物質文化遺產得以傳承下來。最後，非物質文化遺產有自己的生存土壤和活動範圍，是在一定地域內產生並發展的，這是非物質文化遺產的地域性所在。

特定地域的自然生態環境、歷史文化環境以及生產生活狀況、民間信仰、習俗傳統等方面決定了非物質文化遺產的具體特點、傳承情況，沒有特定的區域環境，非物質文化遺產就失去了其賴以生存的土壤和條件，失去了其存在的靈魂，對其保護、傳承和發展就成為紙上談兵。

非物質文化遺產是傳統文化百花園中活躍著的、生機勃勃的一朵奇葩，具有獨特價值和存在意義。具體來看，非物質文化遺產有歷史價值、文化價值、科學價值、藝術價值、經濟價值、社會價值、研究價值和教育價值等。

1 **歷史價值**：非物質文化遺產是人類歷史發展過程中累積傳承下來的歷史財富，是「活的歷史」，非物質文化遺產可以讓我們了解到特定歷史階段的社會狀況，如生產水準和生活方式、社會組織結構、地方習俗等。

2 **文化價值**：不同地區的非物質文化遺產蘊含著不同的地方文化精髓，展示地方風情、蘊含民眾思想情感，是地域文化觀念、形態的載體。非物質文化遺產本身也是人類文化遺產的重要構成，多樣性的文化遺產豐富了人類

文化，形成了「美美與共，和而不同」的文化百花園。

3 **科學價值**：非物質文化遺產本身包含著一定程度的科學概念，是不同時代生產力發展狀況和科學技術發展程度的反映，展現了民眾的創造力和智慧，如傳統建築中包含的技藝要求展現出科學設計等的價值，傳統醫藥學展現的陰陽五行、經絡等醫學體系等，均為非物質文化遺產科學價值的重要表現。

4 **藝術價值**：非物質文化遺產中包含的工藝品、表演藝術等項目大多具有較高的藝術審美價值，是一個民族或地域民族生活風貌、審美情趣和藝術創造力的展現。

5 **經濟價值**：保持非物質文化遺產的真實性、完整性和確保傳承，借助生產、流通、銷售等方式，將非物質文化遺產及其資源轉化為文創產品。在商業化時代，發展文化產業日益成為各地提升經濟的重要方式，從這一角度利用非物質文化遺產資源不僅能帶動地方經濟，也會促進文化產業的持續發展。

6 **社會價值**：作為人類社會文化形態的非物質文化遺產，展現著民眾的思想觀念、情感表現和行為方式，它的存在對於人與人、人與社會、人與自然的和諧有著重要意義，促進了人類社會的和諧穩定、團結和社會凝聚。

7 **研究價值**：非物質文化遺產在歷史、藝術、民族學、民

俗學、社會學、人類學、語言學及文學等方面具有重要的研究價值。為各學科提供了豐富的史料和學術研究資料，充分認識非物質文化遺產的研究價值，對於保護和傳承人類文化遺產具有重要地位。

8 **教育價值**：文化遺產傳承人教授技能的過程就是教育活動的過程，同樣，研究文化遺產的學者專家傳授文化遺產相關知識也是發揮其教育價值的重要展現。

非物質文化遺產的保護工作是保證文化遺產能夠傳承的重要前提。要以保護為主、搶救第一、傳承發展為核心。具體來看，對於文化遺產保護需要注意這幾個方面的內容：首先，提升普通民眾的「文化自覺」[119] 觀念和保護意識，發揮對於文化遺產群策群力的效果。其次，對於非物質文化遺產的保護要注重對其本真性和永續特點的保護。「保護」不僅僅是簡單地列入名錄立檔保存，更多是要對非物質文化遺產進行宣傳和研究，保證其生命力和活力得以延續。再則，對於非物質文化遺產的保護還需要加強法律保護、宣傳教育以及人才培育。

陶寺地區文化遺產較為豐富，不僅有國家級非物質文化遺產「天塔獅舞」，還有各類民間藝術，如抬閣表演、旱

---

[119] 費孝通：〈重建社會學與人類學的回顧和體會〉，《中國社會科學》2000 年第 1 期。

船、耍龍燈、竹馬、高蹺等節日社火內容，也有地方傳統戲劇、威風鑼鼓等具有晉南特色的民間藝術。除此之外，剪紙藝術、麵塑藝術也在陶寺發展傳承著，這些共同構成了陶寺「文化遺產大觀園」。在村落文化資源中占有重要地位的文化遺產資源是當下陶寺村文化發展過程中必須關注到的內容，在分析陶寺村各類民間藝術的文化內涵、表現形式、傳承路徑的基礎上，深入挖掘它們背後的價值所在，對其當下的保護傳承做分析，並結合村落文化旅遊資源開發，探討振興陶寺村落民間藝術的路徑所在，是本章所要論述的主要內容。

一、雄獅登塔，驚險奇絕

天塔獅舞，又稱「獅子上板凳」、「舞獅子」，是廣泛流行於陶寺一帶的傳統漢族獅舞舞蹈。多在春節和二月二期間進行表演，也被邀請到陶寺周邊地區或外地演出。在傳統觀念中，獅子是瑞獸，與獅子相關的圖案或表演是祥瑞的象徵，舞獅活動寄予著民眾消災辟邪、祈福祝禱的心理訴求。相傳天塔獅舞起源於隋朝，有一千多年的歷史。天塔獅舞集傳統文化、民間藝術與現代雜技於一體，熔音樂、服裝、武術和舞蹈於一爐，以驚、險、奇、絕、美的藝術特點廣受讚譽，被稱為「華夏一絕」。

天塔獅舞　攝於 2019 年 3 月 8 日

（一）天塔獅舞起源與演變

相傳獅舞起源於漢代。漢代時，西域各國向大漢朝貢獅子，並派遣馴獸師對其進行訓練表演。《後漢書》記載：「漢章帝章和元年，月氏國獻獅子；二年，安息國獻獅子。」[120] 不僅如此，在漢代還有人扮演獅子進行表演，《漢書·西域傳》記載：「烏弋山離國王有桃拔、師子、犀牛。師子即獅子，此是百戲化裝，非真獸。」[121] 由於獅子形象勇猛威武，人們便將獅子作為驅魔鎮邪的吉祥物，並模擬獅子的形象和動作進行表演。由此可見，舞獅表演早在漢代就已出現，後逐漸成為民間的娛樂活動。

陶寺舞獅可追溯到清代末年，那一時期舞獅較為簡單，小獅子由一人扮演，大獅子由二人扮演，追跑跳躍，滾打翻身，上桌子、翻筋斗。

[120] ［南朝宋］范曄：《後漢書·卷三》，中州古籍出版社，1996，第 28 頁。
[121] ［北魏］楊衒之撰，范祥雍校注：《洛陽珈藍記校注》，上海古籍出版社，1958，第 45 頁。

　　還有一些需要武術功底的舞繡球戲獅者，南拳北腿、跌叉踢腳，動作嫻熟。每年新春廟會，鄉民總要舉辦舞獅活動娛樂身心，慶賀佳節。後來陶寺有了獅子上板凳的表演形式。開始的舞獅表演只是單人動作，後來才發展成雙人獅表演，並從平地開始攀高，即為「獅子上板凳」，由最初的三五層，發展到七八層，再到後來的十多層，動作表演也不斷完善。過去疊塔的板凳從各家湊起來，雖然長短高低相近，但是材質樣式卻不同，疊起來時通常需要用草紙將其墊平，兩條板凳疊一層，最頂一層是一條橫跨中間的板凳，最多有 23 條板凳，可以疊 12 層，將近 7 公尺高。[122] 舞繡球的表演者手持繡球，率先爬上「塔」頂端，點燃黃紙、燃放鞭炮。然後長吹口哨，把地下獅子引上頂層。

　　四個人爬上去，各占一角，稱為「把四角」，用來保證上面舞繡球表演者和扮獅人在頂端進行高難度動作時保持平衡。

　　改革開放後，舞獅藝術被進一步改進和提升，「獅子上板凳」也改名為「雄獅登天塔」。從服裝道具到表演技能均做了改進。板凳材質尺寸統一製作，穩定性和安全性較之前有了大幅提升。服裝也統一化，獅子頭、獅披均為新樣式。表

---

[122] 曹志恩：《平陽古村落襄汾陶寺》（內部資料），《平陽歷史文化叢書》，2011，第 50 頁。

演內容也被精心設計和策劃，傳承人李登山親自組織、參與其中，使這一民間藝術有了較大的改進。

（二）天塔獅舞內容與特點

天塔獅舞集雜技、武術、舞蹈、音樂為一體，塔天相連，場面驚險，動作俐落，表演神奇，風格獨特，是以驚、險、奇、絕、美為藝術特點的藝術表演形式。從古到今，天塔獅舞大多在節日期間和廟會期間進行表演，內容上豐富多彩，藝術形式上也蘊含著豐富的內涵，在表演中不斷改進和提升。

1. 天塔獅舞的內容

現在的天塔獅舞的道具是由二十九條板凳疊成十五層近十公尺高的天塔，塔內沒有任何的防護設施，塔疊起後，身穿英雄服、腰繫綵帶、頭裹黃巾的馴獅師手持繡球，踩著鼓點英姿颯爽地登場，隨後大獅、小獅登場，隔空嬉戲一番後，便由馴獅師拋繡球逗獅。接下來開始登天塔，在音樂聲中，馴獅師首先登塔，接著雄獅登塔，一層一層向頂端登上去，表演隨之進入高潮，獅子在板凳上做著各種高難度的動作，隨後小獅子也登上板凳表演。最後以吐出慰問祝賀的紅綢對聯來謝幕。整套表演場景驚險、風格獨特。

天塔獅舞的道具有：板凳、繡球、獅子頭、獅子披、樂

器以及服飾，是構成天塔獅舞的基本要素。板凳用料考究，一般為榆木、槐木等較結實的木頭，材質良好。在製作的時候，也會讓工匠統一製作，確保安全。板凳需要二十九條，可疊成十五層，將近十公尺高。馴獅師手持的繡球是內置鈴鐺的銅球體，並將紅、綠、黃三種顏色的綢布綁在球上，馴獅師表演時舞動繡球，繡球也叮叮作響，一是吸引獅子，二是吸引觀看者。獅舞所用獅子頭是區分雌雄獅的特徵，雄獅為綠色綢緞挽成的綠結，雌獅為紅色綢緞挽成的紅結，幼獅頭上無綵綢。獅子頭上的眼睛可自由活動，耳朵也可豎可立，活動起來極為生動。獅子披根據獅子大小不同而有所差別，大獅子分上下服裝，小獅子則是一個整體服裝，金燦燦的毛髮覆蓋在上面，很是亮眼。舞獅表演中營造氛圍的便是或急促或舒緩的伴奏樂，樂隊一般由 5 至 6 人組成，所演奏的樂譜是李登山等人從地方戲曲中汲取精華，並根據具體的表演動作加以調整而成。樂隊使用樂器有鼓、鈸、鑼和木魚等，且每種樂器有大小不同的規格，在演出中，為營造不同的效果而互相配合使用。

　　天塔獅舞的表演形式較為豐富、驚險、神奇。在鑼鼓聲中，表演人員列隊進入場地，十分鐘內迅速將板凳疊成「天塔」。緊接著，馴獅師手持繡球進入表演場地。隨後兩頭雙人裝扮的大獅子各帶領兩頭單人裝扮的小獅子緊跟其後，隨

後在馴獅師的引領下作前翻、後翻、接繡球等動作，在「打一錘」、「打二錘」的交響樂中，兩頭大獅圍登天塔，朝向觀眾擠眉弄眼並騰空玩耍，隨後兩獅開始爭鬥，互相撕咬，馴獅師手持皮鞭在這兩頭獅子之間拍打，兩頭獅子隨後服軟和好，緊接著馴獅師高拋繡球，兩頭獅子跳躍著爭搶繡球，馴獅師從雄獅嘴裡奪回繡球，兩頭獅子同時向其撲去爭搶，後在馴獅師的誘導下，落地、打滾，並與四頭小獅玩耍。接下來開始登天塔。在「珍珠倒捲簾」柔和的音樂中，馴獅師身手矯健地登上天塔頂端，在上面表演「金雞獨立」、「鴨子浮水」、「綁腿」等高難度動作。隨後吹口哨並舞動繡球，吸引雄獅上板凳，兩頭大獅一前一後，沿著板凳底部，一層層鑽空隙而上，第一頭雄獅登上頂端後，表演搔癢等較驚險的動作，另一頭隨即也登上頂端。兩頭大獅在板凳上頭對頭，進行搔癢、親吻、玩耍等動作，隨後兩頭獅子互相跳到對方背上，又開始表演各種高難度動作，表演在此時也進入高潮。這時候四隻小獅子登上天塔，攀登時還做「蓮子開花」、「鳳凰展翅」等動作，接近頂端時，兩頭大獅搖頭晃腦，分別向小獅湊去摟抱、舔舐。隨後兩頭獅子朝外直立，左右各轉一百八十度面向觀眾，迅速地將嘴中含著的兩條祝詞垂落下來。最後兩頭大獅、四隻小獅和馴獅師在「緊急風」的音樂中迅速下到塔底，並向觀眾鞠躬謝幕。

2. 天塔獅舞的特點

　　舞獅分為南派和北派，以長江為界進行劃分，南派稱為「醒獅」，注重「意」，以表演「文獅」為主，北獅則重「形」和「技」，以表演「武獅」為主。[123] 陶寺天塔獅舞憑藉其驚、險、奇、絕、美的藝術特色受到各地民眾的喜愛，也被人們譽為「北方獅王」，具體來看，這五個特色主要展現為：

○ 驚：板凳壘起來的天塔高聳入雲，馴獅師和大小獅子表演動作大起大落，讓觀者為之驚嘆。

○ 險：天塔獅舞表演工具僅僅是板凳壘起來，再無其他保護措施。表演的過程中板凳可能會晃動，這也要求每個表演者的動作必須很精確，觀眾看到後心是懸著的，整個過程很驚險。

○ 奇：大小獅子的眼、耳、舌、尾隨著動作的進行能夠靈活擺動，並不需要人為地去撥動，較普通獅子更為神奇。最後大獅口吐條幅的動作，讓人眼前一亮，十分稀奇。

○ 絕：馴獅師和獅子登塔的過程和表演的技巧，貫穿了「力」與「美」。同時整個表演中融入了舞蹈、武術、雜

---

[123] 羅斌、朱梅：《舞龍舞獅》，中國文聯出版社，2009，第 76 頁。

技、戲曲等傳統文化，技巧中滲透著文化，特色較為突出，堪稱一絕。

◎ 美：整個獅舞表演張弛有度，有著層次美、圖畫美和對稱美，各種顏色的搭配讓觀者更為享受，表演內容也是展現民間藝術美的過程。

陶寺天塔獅舞既有北方獅舞的豪放與矯健，又融入了南方獅舞的細膩與高難技巧，同時還伴有各類民間藝術，是多元文化融合的表現。

天塔獅舞表演設計為一個獅子家庭，有一公一母大獅，還有四隻小獅，兩隻大獅之間的親吻、擁抱；大獅與小獅之間的嬉戲、搔癢；馴獅師與獅子之間的互動等，展現出動物之間、人與動物之間的和諧相處，營造出和諧、和美、團圓、喜慶的氣氛。表演過程貫穿擬聲、動作傳情等的手法，有著極為巧妙的模擬性。伴隨著表演的進行，還有各類樂器的伴奏，時而緊張，時而舒緩，與表演動作緊密相關。天塔獅舞從傳統民俗活動中來，表現的是人們對豐收的期盼、對喜慶節日的歡喜等美好情感。這一節目具備了較強的觀賞價值和娛樂價值，是豐富村落社會民眾精神生活的重要民間活動，備受民眾喜愛。

（三）天塔獅舞的價值與技藝傳承

天塔獅舞是陶寺村最為重要的民間藝術，從天塔獅舞作為傳統民間藝術的身分來說，它包含著不容忽視的價值。由於這一民間藝術的獨特性和重要性，對其進行保護傳承就特別必要。天塔獅舞團隊在國家級傳承人李登山帶領下不遺餘力地進行各項傳承保護工作，促使這一民間瑰寶得以傳承、創新，向著更為廣闊的天地發展。

1. 天塔獅舞的價值

天塔獅舞是極具觀賞性的一種民間傳統藝術，具有較強的審美娛樂價值。表演動作的驚、奇、險，讓觀眾無不讚嘆。獅舞表演的內容和技術也隨著觀者審美品位的提升而不斷進步，增添了許多新的表演內容。

如最典型的「天塔」的高度由原來的七公尺增至十公尺，獅子數量也增多，且成為表演性質的獅子家庭。表演中貫穿的「驚、險、奇、絕、美」的藝術特色也帶給觀眾強烈的視覺衝擊。

天塔獅舞中蘊含著極為豐富的傳統文化，具有獨特的文化價值。

天塔獅舞是陶寺村傳統節日中社火的一項表演內容，由簡單的獅舞到技巧性日益多樣的「獅子上板凳」，再到後

來為人們熟知的「雄獅登天塔」，它從傳統節日活動習俗中來，也豐富了節日文化。作為經典民俗意象的一種，「獅子」本身被民眾賦予吉祥、辟邪等的寓意，舞獅活動的進行正是民眾在節日期間祈求風調雨順、五穀豐登，因而表演也帶有了祈福禳災的內涵。

隨著社會的發展，人們對於豐富的精神生活的需求也越來越強烈，天塔獅舞便成為陶寺村乃至臨汾地區發展文化旅遊的重要開發項目，這也促使天塔獅舞開拓出實用價值。

2. 天塔獅舞的傳承

文化遺產傳承人對於非物質文化遺產傳承的重要性不言而喻，傳承人是文化遺產得以動態傳承的首要保障。李登山作為天塔獅舞的傳承人，從這一項目的搶救恢復到創新，再到產業化發展，做出了突出的貢獻。

李登山為天塔獅舞的第六代傳人，自幼眼觀心學獅舞表演，16 歲時，他正式開始學藝，在他師傅李五六傳承下，他能夠在高塔上做一系列騰、挪、跳等動作，造型優美流暢。在之後的表演生涯中，雖經歷家人的不支持，但他從未放棄，更是著手操辦起舞獅團。1984 年，李登山與村民商量後恢復文化大革命期間備受冷落的「獅子上板凳」。1996 年從內容和形式上對這一民間表演藝術進行了改革。改革後的

天塔獅舞技術難度增加，表演內容增多，也更吸引觀眾。創新後的天塔獅舞首先是數量上的變化，陶寺村最開始的獅舞表演僅有一頭獅子和一位馴獅師，後成為「四角」，每個角可以飾演如雞、猴、虎這樣的動物。後在李登山的創新下，獅舞表演有了較大的改變，成為兩隻大獅，且為一公一母，還有四隻小獅子，獅子頭上的「花子」顏色是區分雌雄的特徵，雄獅為綠色，雌獅為紅色，六隻獅子組成一個家庭，表演內容也因此被賦予了「人情味」。其次是表演情節上的變化，經過設計的情節更具趣味性，馴獅師在天塔頂端表演「金雞獨立」、「三角倒立」、「辮腿」等高難度動作，大小獅子也增加了親吻、嬉戲、搔癢、舐舔等動作，四隻小獅表演「蓮子開花」、「倒掛金鐘」、「空中倒福」、「珍珠倒捲簾」、「鳳凰單翅飛」等絕技。[124] 在這樣創新的基礎上，天塔獅舞「驚、險、奇、絕、美」的藝術特色表現得淋漓盡致。

　　經由傳承人李登山創新改造天塔獅舞與舞龍藝術相配合，成為「陶寺龍獅」品牌的代表。不僅在本地正月期間的社火表演中演出，更是陶寺二月二龍抬頭社火節上的重頭戲。除此之外，陶寺天塔獅舞團還經常被邀請到附近的景區、商場、廟會上進行表演，擴大了在地域範圍內的影響

---

[124] 楊國輝、高忠嚴：〈文化遺產傳承人在非物質文化遺產中的作用 —— 以國家級非物質文化遺產天塔獅舞傳承人李登山為例〉，《戲劇之家》2019 年第 4 期，第 240 頁。

力，還多次受邀去外地演出，受到各地觀眾的喜愛，充分展現了陶寺獅舞藝術的獨特魅力。

二、社火表演，意蘊多重

陶寺村古老而富饒，村落中自古就有鬧紅火、趕廟會的習俗，在鬧紅火中最受民眾喜愛的便是裝扮成各類角色進行表演的節目。關於陶寺村社火的由來，還有這樣一個傳說。相傳，帝堯的祖父顓頊的第三個兒子，死後變成了疫鬼，經常禍害民眾，尤其是喜歡驚嚇孩童，為了對付這個疫鬼，人們就裝扮成各種凶猛的動物，如龍、蛇、蟒、蛟等形象，並進行驅趕疫鬼的活動，這是最早「驅儺」習俗的由來，後來隨著歷史的發展，就逐漸演變為民間的 —— 社火。[125]

社火在每年的春節、二月二、廟會等較喜慶的日子裡進行，通常從每年的正月初五開始，一直鬧到二月二龍抬頭日。節日期間的社火表演是構成陶寺節日文化的重要部分，陶寺村的社火也以類型多樣、內容豐富的特點廣受民眾歡迎。如舞龍燈、跑旱船、踩高蹺、跑竹馬、大頭和尚、二鬼摔跤、牛鬥虎等節目讓民眾流連忘返。正是有了絢麗繽紛的社火表演，陶寺文化藝術才得以展現其歷史久遠、意蘊深

---

[125] 王德功、尚文：《陶寺村史》（內部資料），2000。

厚、源遠流長的特徵。也正是這些社火藝術，才使陶寺的文化遺產熠熠生輝，成為村落文化的重要構成要素，進而作為村落文化資源而被開發利用。

（一）舞龍

龍是中華民族的象徵，陶寺遺址出土的蟠龍紋陶盤上的龍圖騰是遠古先民的崇拜物，陶寺也被稱為是「龍鄉」。「龍」對於陶寺民眾來說，不僅是信仰，也是寄託、嚮往和對美好的追求。因此，陶寺地區春節期間，村村有耍龍燈表演，從正月開始，到二月二龍抬頭日，表演更是被賦予祈求風調雨順、五穀豐登、吉祥如意的美好祝願。

舞龍，也被稱為「舞龍燈」。龍有金龍、蛟龍、蟒龍，均為蛇身魚鱗造型，所紮龍頭十分龐大，眼睛炯炯有神，龍身將近 20 公尺，威風凜凜。每逢春節，陶寺村以地域分片，西北角為金龍，北邊胡同為蛟龍，南河裡為蟒龍，分地域進行製作。由一些年老有經驗的人進行紮製、裱糊、製鬚、美化等工序，製作完畢後，還需要將龍抬至河邊「飲水」，據說不飲水的話，表演時就會著火。在以前，西北角的龍要到城爾裡的洗耳河飲水，後來河水乾涸後，在活水溝或西河裡的井邊打水，供龍「飲用」。

舞龍需要經驗和力氣，一般由有經驗的長者舉龍頭，年

輕有力氣的小夥子掌龍身，表演者個個身手矯健，龍尾也是
需要一定經驗的人來掌握，掌尾者需要跟隨前方的龍頭龍身
隨機應變，龍尾擺的開，整條龍才能遊刃有餘。舞龍在過去
稱為「耍活龍」，意為人多熱鬧，光舞龍就需要 20 多個年
輕人。又有「游龍戲鳳」之說，意為掌龍頭的人左右旋轉騰
躍，龍才能飛行自如，帶動後面的龍身龍尾。陶寺舞龍表演
風格粗獷奔放，舞龍也成為勇猛的象徵，這一民間遊藝活動
在陶寺大地上熠熠生輝，尤其是二月二龍抬頭社火節上，舞
龍是開場第一個節目，用來吸引觀眾目光，帶動現場氣氛。

社火節抬閣單人表演　攝於 2019 年 3 月 8 日

社火節抬閣雙人表演　攝於 2019 年 3 月 8 日

（二）抬閣

　　社火節目中較吸引人的一項「抬閣」在陶寺地區也是有名的民間藝術，抬閣從 20 世紀的槓抬、桌子抬演變而來，現節日期間表演的陶寺鄉安李村抬閣越來越呈現輝煌鼎盛的局面。安李抬閣最早可追溯到唐代，相傳當時秦王李世民為討伐抗擊南下突厥，曾駐兵在此，當時安李村叫里村，李世民在這裡取得勝利後，將村名改為「安李村」。相傳該村大廟中曾有一通「秦王駐蹕處」石碑，還塑有李世民及當時救他的老少的雕像，後來人們為了紀念他，便於每年春節將三個人的雕像放置桌上，在村內遊轉祭祀，便形成了最初的抬閣。

　　早期抬閣內容多與李世民的故事相關，如「唐王出征」等，後才形成內容多樣的主題形式。現如今每個抬閣都會表現一個主題，大都以戲劇和民間傳說為主，同時也穿插一些具有時代內容的題材。如 2019 年二月二龍抬頭社火節期間的抬閣表演內容是圍繞帝堯文化進行的，以宣傳帝堯文化為主，有「伊村出世」、「仙洞成婚」、「席村求學」、「陶寺建都」、「堯廟祭祀」，還有當下陶寺村新發展的「陶寺博物館」、「陶寺旅遊公路」等內容。抬閣過去靠人抬，現在變成以車載為主，但抬閣的內容卻依然延續了過去的傳統藝術和技巧，集武術、雜技、戲劇、舞蹈於一身，融合音樂、服

裝、道具於一體，讓人驚嘆！

抬閣表演的演員為村內孩童，對於參加表演的孩子來說，這是一種勇氣的象徵。當被選為演員時，孩子們非常喜悅，這同時也對他們膽量和耐力的考驗。因為每次孩子們從上閣開始，就要被綁在支架上堅持幾個小時，而且還要順著表演隊伍進行表演，對於他們來說，確實不易。

這對他們也是一次難忘的經歷，家長們也希望自己的孩子有這樣的經歷，正因為如此，才使得這一傳統能夠傳承至今。

社火節划旱船表演　攝於 2019 年 3 月 8 日

（三）旱船

旱船是模擬水中行船的一種民間舞蹈。陶寺旱船以做工精美、特色突出著稱，旱船由四根紅柱子支撐著，上面是亭臺樓閣。跑旱船（乘旱船）的通常為年輕女性，她們塗脂抹粉、插花帶葉，身穿彩服、腳踏繡鞋。旱船跑起時，表演者身手矯健，宛如水上漂。划船人通常為男性，為漁夫裝扮，

腳穿便靴、頭戴斗笠、雙手划槳，邊跑嘴裡還邊吆喝地逗趣，加之歡快活潑的嗩吶樂聲伴奏，引得觀眾爆笑聲不斷。

2019 年二月二龍抬頭社火節期間，旱船表演有了些變化，旱船外形有金魚狀、龍狀、白鶴狀，共三隻旱船。跑旱船者均為男性，且無划船人。

（四）竹馬

傳統竹馬表演是以十二生肖為造型，表演者鑽入動物造型中間，手中拿著五彩鞭條，步履輕盈、走動靈活，每隻竹馬旁邊還有一頭裹白毛巾、身穿黑裋的男性伴隨。表演過程中伴有秧歌小調，節奏鮮明、活潑歡快，深受觀眾喜愛。現如今社火節期間竹馬表演呈現簡化趨勢，裝扮動物僅為毛驢，傳統社會中的十二生肖造型已不復存在。

除了上述表演外，社火藝術還有諸如高蹺、牛鬥虎、二鬼摔跤、風火流星等內容，在傳統村落社會中，節日期間的社火表演多包含這些節目，當下社火節期間的節目從造型到內容大多已被簡化，有的節目甚至不再表演，僅成為村落社會民眾的美好集體記憶。

三、戲劇鑼鼓，晉南特色

在山西晉南臨汾市、運城市地區，蒲劇廣為流行。蒲劇，又稱「蒲州梆子」，也被稱為「亂彈」或「土戲」，起源於元代，形成於明末清初，歷史悠久，深具地方特色。陶寺村關帝廟為元代建造，對面曾建有戲臺，戲臺的存在就可印證陶寺村戲劇的歷史。歷史上的戲劇表演因文獻短缺等原因我們不知其詳，到近現代陶寺村的「家亂彈」（蒲州梆子）較為有名，且一直延續下來，成為當下村落戲劇表演的主要形式。

（一）戲劇代表 ──「家亂彈」

陶寺音樂文化源頭最早可追溯到帝堯時期。1977 年考古學家在陶寺遺址中挖掘出來的鼉鼓、土鼓和石磬，是距今約4,300 多年的古老樂器。

《襄陵縣志》記載的唐堯時期〈擊壤歌〉即出於襄汾，並記載：「席村人……古之席公也，以播種耕稼為事，每擊壤而歌於路……堯聞之而嘉之，尊為老師之。」由此可見，陶寺地區民間音樂早在帝堯時期便已流傳。

1. 陶寺戲劇淵源

陶寺音樂文化起源於帝堯時期，而戲劇表演則可溯源於隋唐時代的秧歌戲。節日期間，人們便畫好臉譜，身著戲

裝，手持道具，開始說唱表演。宋元時期，秧歌戲演變為雜劇，戲劇也進入鼎盛時期，元曲四大家之一的鄭光祖便是襄陵人。到明代中葉，出現了蒲州梆子，發展到清代，進入了鼎盛期，蒲州梆子在民間廣為流傳。再到後期陶寺地區成立了襄陵民主蒲劇團，由張相村人張漢杰擔任劇團指導員，劇團後改為「塔山劇團社」，到了近代，陶寺地區的「家亂彈」在周邊地區就小有名氣了，除了陶寺村外，在安李村、張纂村、陳莊村、李莊村等均有「家亂彈」劇團表演。

2.「家亂彈」的傳承與發展

　　陶寺村「家亂彈」相傳從光緒年間開始，發起人為秦衍慶，因其家境寬裕，便自掏腰包置辦了簡單的戲裝道具，請來劇團師傅口傳身教，先後排練了《殺廟》、《教子》、《打漁殺家》等摺子戲。民國時期陶寺「家亂彈」達到鼎盛，村民利用農閒時間組織排練，主要發起人有衛善珍、秦潤恩等。發展的第二個階段為 1950 年代後期到 1960 年代前期，劇團主要人員有劉天賜、尚文等人，下面就這兩個階段的劇團組成人員及劇目等列一表格加以說明。

表4　陶寺「家亂彈」劇團發展情況一覽表

發展時期	清光緒年間（產生期）	鼎盛期（1947-1953）	1950年代至1960年代前期
劇團主要成員及角色、負責樂器	秦衍慶等	衛善珍（大淨）、石德全（小旦）、張根有（生角）、秦潤恩（正旦）、張煥生（武生）、秦小狗（小旦）；張延年、張二回、張松長、張紅業、張引苗、尚鎖女、秦仙娥等將近40餘人。其中總指揮為張紅業，文場拉四弦為秦清秀。	樂隊主要人員：劉天賜（導演）、秦順興（鼓師）、柴長青（板胡）、尚文（二胡）、王紹斌（後勤）演員：秦三親、李黨鳳、段水平、柴仙愛、杜黨葉、張明菊、趙兵戰、秦承業、石安民、康思慶、張高吉等31人。
主要演出劇目	《殺廟》、《教子》、《打漁殺家》等	《迴龍閣》、《白傳》、《雙羅衫》、《採桑》、《三上轎》、《罵殿》等	眉戶《一顆紅心》、《彩禮》、《賣瓜》、《梁秋燕》；蒲劇《土炕上的女人》、《清風亭》、《山村母親》、《教子》、《麟骨床》、《三擊掌》、《打鑾駕》、《蘇三起解》、《空城計》、《巴州》、《打雁》、《斬子》等
演出時間	逢年過節、農閒、廟會	逢年過節、種完麥子、鬧紅火時、四月初八逢會唱戲、五月天會和九月天會	逢年過節、種完麥子、鬧紅火時、四月初八逢會唱戲、五月天會和九月天會
演出場所	關帝廟對面戲臺	關帝廟對面戲臺	關帝廟對面戲臺

資料來源：陶寺村尚文口述資料整理，時間：2019年7月28日

　　據村民回憶，「家亂彈」從產生到後期發展，都是村民自發的，有時演員忘了詞，就現編現唱，都是村民熟悉的人和事。

「家亂彈」曲譜，攝於 2019 年 7 月 28 日

「家亂彈」傳承人尚文演奏　攝於 2019 年 7 月 28 日

　　到 1960 年代，「家亂彈」又被稱為「俱樂部」，道具也很齊全，那時候衛善珍的《打鴛鴦》，秦業生、梁振東的《採桑》，石德全的《三上轎》，張煥生的《吊寇》等在襄陵地區很受歡迎，曾受邀去鄧莊廟會表演，當時三個舞臺同時演出，陶寺村的劇團最受歡迎，把觀眾都吸引過來，旁邊兩個戲臺卻冷冷清清。當時縣廣播每日早中晚都會播放陶寺「家亂彈」劇團演唱的戲劇。發展到當下，「家亂彈」雖不如往日輝煌，但依舊有自己的存活空間，村內有婚喪嫁娶、過壽、生日滿月等事情的時候，就會邀請劇團前去表演，如杜黛葉的《教子》就是經常表演的劇目，襄汾縣的消夏晚會也會邀請陶寺劇團演出蒲劇、眉戶的戲曲劇目。同時，「家亂彈」劇團的成員也積極地創新表演劇目，如尚文近兩年編寫現代蒲劇劇本《過生日》、《農家樂》，傳統表演技巧與現代社會生活內容相結合，這也是當下陶寺戲劇發展的新動向，也唯有此，戲劇文化才能夠不斷適應新時代，不斷創新。

　　陶寺村的「家亂彈」有著悠久的歷史，它所蘊含的文化藝術是陶寺村落文化的重要表現。從古至今，村落民眾從不缺少娛樂消遣的方式，戲劇表演就是較為典型的一種，生動的演出、優美的唱腔受到民眾的喜愛。除了正式演出外，村民在農閒時期也會自娛自樂地唱兩句，夏日或秋天，通常晚飯後，村民便聚集在一起，你拉二胡，他吹笛子，我唱戲，

就這樣開始了表演，在夕陽下的村落中呈現出一派熱鬧景象。同樣，正是出於對民間藝術的熱愛，才使得這一民間藝術傳承下來。

（二）陶寺威風鑼鼓

威風鑼鼓源於臨汾地區且在當地較為流行，是融合舞蹈、音樂、技藝於一體的民間鼓舞藝術，由鑼、鼓、鐃、鑔四種樂器共同表演，具有古樸典雅、慷慨激昂的特點。它產生於民眾的生活，歷經多年的創新與發展，逐漸形成了獨具特色的表演藝術，成為民間文化藝術的一朵奇葩。

1. 威風鑼鼓起源

威風鑼鼓源遠流長，相傳早在堯舜時期就已出現。傳說和出土文物均印證了這一民間藝術的悠久歷史。從流傳傳說來看，相傳帝堯任命夔為樂正，夔為了發展音樂，設計出用牛皮覆蓋在木頭上的牛皮鼓。陶寺遺址發現西元前 2300 年至 1900 年之間的各類樂器，有土鼓、鼉鼓、石磬三種較為古老的樂器，土鼓是用陶土為腔，兩面蒙皮的一種原始打擊樂器；鼉鼓為鼉皮蒙的鼓；石磬為石質的樂器，都是目前發現的年代較早的樂器。

元代的梆子戲打擊樂中就使用到鑼鼓，發展到明末清初，成為一種單一的鑼鼓擊打表演，並且有了曲牌，鑼鼓擊

打的聲音雄壯，音調鏗鏘，成為民間社火中營造熱鬧氣氛的一項重要表演藝術，在各村發展較快。如陶寺地區以地域劃分為東關裡、石家角、南河裡、西北角、曹家胡同等十幾個片區，也叫「地攤」[126]，每個地攤都有自己的鑼鼓隊，每年正月期間，在村子裡東西南北方向的各個地攤便開始響起鑼鼓聲，整個村落被喜慶熱鬧的鑼鼓聲圍繞著。

2. 陶寺村威風鑼鼓傳承及發展

民國後，陶寺地區陶寺村、安李村、張纂村、東坡溝村、李莊村、中梁村都有較大的鑼鼓隊。如1953年，陳莊村姚登山的母親就籌辦了婦女鑼鼓隊，逢年過節鬧紅火的時候，鑼鼓隊就參與表演，在陶寺地區較有名氣。

從規模、陣容和數量上看，陶寺村的威風鑼鼓在周圍村落中都是比較突出的。從鑼鼓表演的曲牌上看，陶寺村鑼鼓表演花樣繁多，如「十樣景」、「風攪雪」、「次疊花」、「狗咬直磴的」、「珍珠倒捲簾」、「房頂上滾核桃」、「十二白」、「川殺」、「老殺」等多種曲牌。敲打鑼鼓時，每個曲牌都有武術人員在一旁邊演邊敲，如「耍棍子」（村名寫在上面的招旗），「耍軟棍」（一種武術道具，即可健身又能防身），武術表演色彩濃厚。

---

[126] 曹志恩：《平陽古村落襄汾陶寺》（內部資料）《平陽歷史文化叢書》，2011，第47頁。

　　同時，陶寺村鑼鼓隊對於曲牌的打法、敲法也別具一格。如「十樣景」敲打起來，活潑喜慶的節奏會讓人感覺到春天的來臨，也讓人們對新的一年充滿希望。「次疊花」表達了民眾對於天下太平、豐衣足食和身心健康、延年益壽的美好祝願。「風攪雪」則象徵風調雨順、五穀豐登。「十二白」、「川殺」、「老殺」均使用鑼鼓敲打，鼓聲緊湊鏗鏘、乾脆俐落，如萬馬奔騰，呈現出勇往直前的大無畏精神。

社火節威風鑼鼓表演　攝於 2019 年 3 月 8 日

　　「文化大革命」時期，社火節目被視為「四舊」，這一時期民間藝術呈現停滯狀態，加之許多年邁的老藝人相繼離世，也就使得鑼鼓表演中的一部分「絕活」沒有傳承下來。浩劫過後，村民自發購置近百件鑼鼓器具，還添置了許多鑼鼓服裝，組建了威風鑼鼓隊，其中婦女占到隊伍人員的一半。經過嚴格訓練的鑼鼓隊到襄汾、臨汾地區的鑼鼓節參賽，敲打出氣勢磅礴的代表曲牌「塔山獻寶」、「汾河生金」等。

進入 21 世紀，新時代的鑼鼓隊向著更高的階段發展。1999 年到 2011 年，是新時期陶寺鑼鼓培養期，先後培養了三批鑼鼓隊，每批 90 餘人，三批將近 300 餘人，且隊員為女性，堪稱「陶寺女子威風鑼鼓隊」。據了解，當時的發起人為陶寺村民尚文、王德功和張永興，鑼鼓隊教練邀請的是南辛店北許村的杜桂芳，領隊有周小月、張明菊、齊旭峰等。每年春節期間，除在陶寺表演外，鑼鼓隊先後到臨汾堯廟、襄汾、侯馬、翼城、介休、蒲縣、大寧、吉縣等地進行表演，受到各地民眾好評。在鑼鼓隊中，較突出的是本村擔任教練的尚文，陶寺村鑼鼓隊所用的鑼鼓譜，均由尚文譜寫，每逢有正式的鑼鼓表演前，他就帶領鑼鼓隊在關帝廟前進行排練，通常安排四段，十個花樣，內容豐富。現如今陶寺鑼鼓隊的表演服裝和工具均為企業家贊助，將近 500 套，組建的隊伍也是聲勢浩大，每年從春節到二月二期間，鑼鼓隊表演從未間斷過。

四、剪紙麵塑，巧手精作

剪紙是民間藝術的一種，是用剪刀或刻刀在紙上剪刻花紋，用來裝飾生活，增添美感的藝術形式。剪紙，也被稱為窗花，春節貼窗花是村落社會流傳已久的民間風俗。傳統鄉村社會中，春節期間都要在窗戶上張貼新窗花，取喜慶吉祥

之意。內容主要以人物、花卉、動物、鳥類為主，如「連年有餘」、「連生貴子」、「雄雞報曉」、「多子石榴」等，還有十二生肖相關的剪紙，用來表達對美好生活的祝願之情。除了逢年過節外，在壽誕婚嫁時，也有剪紙助興。如壽誕禮上的「福」、「壽」字剪工精細；迎親的汽車上張貼的雙「喜」字剪紙醒目大方，陪嫁箱上的「龍鳳呈祥」、「二龍戲珠」引人奪目……各類花樣的鮮紅剪紙為人生禮儀活動增添了歡慶熱鬧的氣氛。

陶寺村也有自己的剪紙藝人，如石增珠、石林擋，石增珠的剪紙匠心獨運，而且他的剪紙內容能夠根據時代需要做出創新。在他退休後，村內有紅白喜事請他剪紙時，他總是有求必應，為村民剪出一幅幅生動的剪紙作品。筆者曾有幸看到石增珠的「龍鳳呈祥」和「雄雞報曉」作品，技藝精湛，形態逼真，唯妙唯肖，極具韻味。石林擋的剪紙是自學而來，剪紙內容多根據想像完成，他的主要作品有「二龍戲珠」、雙喜字、十二生肖等，構思巧妙，形象生動。

麵塑，又稱花饃，是晉南地區較為突出的民間手工藝術的一種，用小麥麵粉和水做成麵糰，在麵糰上精雕細刻，蒸製後上各種顏色，製作完成後堪稱是工藝品，兼具觀賞和食用。襄汾地區麵塑在晉南較為有名，與當地的風俗習慣和民眾生活緊密相關。俗話說「有事就有饃，有饃就有事」，襄

汾人也多稱與人生儀式相關的活動為「過事」，誕生禮、滿月禮、百日、週歲、十二歲成人禮、婚禮、壽禮、葬禮上都要用到花饃，除此之外，春節、清明等節日也會用到。在村落社會中，逢年過節、生日滿月、婚喪嫁娶中，麵塑的身影常常出現，多是依照地方習俗製作而成，用以表達各種美好的祝願。下面按照在不同場合所用不同麵塑來介紹陶寺村的麵塑藝術，涉及麵塑的種類及文化意蘊等內容。

過了臘月二十三，家家戶戶都要蒸棗糕、棗山，為春節的到來做準備。棗糕有兩種，一是一層麵片一層棗，總共三層的圓形麵塑，二是兩個圓形麵糰扭捏在一起，每個麵糰上各一顆棗。棗山是用麵裹棗成圓形，疊成層層疊疊的山狀，高達一尺。棗糕的用途有二，一是作為供品在正月初一祭獻的時候用，二是作為禮品贈予親戚鄰里。除此之外，還有人家為小孩製作各類小動物的麵塑，如小兔、小貓、老虎、魚、石榴等，一是供孩童玩耍，二是取萬事如意、多福多壽等的意蘊。總之，春節期間的麵塑，是包含民眾情感的藝術，被賦予了各種美好的希冀與祝福。

清明節期間也要蒸花饃，用以上墳祭祖。所蒸花饃稱為「蛇饅頭」

或「蛇盤頭」，一是為了紀念介子推，二是據說祭祖時

晚輩吃了「蛇饅頭」，就有「滅毒頭，免災禍」的效果。[127]
也有表達對祖先的紀念之情。

在孩童滿月、百日、週歲和十二歲的時候，外婆、姑姑、阿姨家都要做「套頸饃」，俗稱「鼓欄」，也有寫作「固欄」，取為孩童祈求吉祥長命之意，寄託了長輩對小輩的美好祝願。鼓欄為一圓形大圈狀的麵圈，接口處為一麵製的虎頭，周圍有各種造型的花、鳥等裝飾，均為麵製而成，用竹篾紮在鼓欄周圍一圈上，做好的鼓欄五彩繽紛，透露出稚拙純樸的風格特徵。陶寺村以前在孩童滿月時還送「油黏黏」，後全部用鼓欄代替，在舉行人生儀式當天祭獻神靈祖先的時候，家中長輩舉起鼓欄，象徵性地在孩童頭上套一下，寄予對孩童長命百歲的祝福與望子成龍的期待。

婚禮時，男方也要送女方鼓欄，有「龍鳳呈祥」、「喜結良緣」、「百年好合」等的造型。婚禮當天，男方要一大早往女方家送「頭腦」，隨後的迎親隊伍帶鼓欄，男方家的直系親屬均需贈送鼓欄給女方。在迎親出門前，都要在天地神位前象徵性地戴上，是對新婚夫婦日後幸福美好生活的祝願。

---

[127]　襄汾縣委宣傳部：《根祖聖地襄汾》（內部資料），2014，第 128 頁。

孩童生日花饃　申燕攝於 2016 年 10 月 16 日

孩童生日花饃　申燕攝於 2016 年 10 月 16 日

葬禮花饃　申燕攝於 2016 年 10 月 16 日

　　在壽禮上，麵塑也是必不可少的一項內容。過壽時所需麵塑為壽桃、壽糕，壽桃類似大型饅頭，但蒸出來後要在上面飾以各種圖案，如「富貴平安」（牡丹、花瓶、鵪鶉）、「喜鵲登梅」、「壽比南山」、「福祿壽星」等；壽糕下面為棗糕，上面插有各色麵製花鳥，極為喜慶。壽桃、壽糕均是對老人健康長壽的祝福之意。

　　葬禮上的麵塑花樣也是各具特色，在蒸好的大饅頭上插上花色各異的花鳥動物，還多配有戲劇人物造型的麵塑，上面還有「一路平安」、「哀悼」等字眼。葬禮所需花饃當屬女兒做的最大，重達 3 公斤，一套有 3 個花饃，寄予逝者以無限的追念與哀思。

　　傳統村落社會中，「過事」花饃多為家庭內女性或村內鄰居幫忙製作，不存在商業化情況，但是隨著社會發展，花饃由村落女性必備的手藝變成個別人掌握的技能，陶寺村便是如此。如今，村內蒸饃店成為專門化、職業化的花饃店鋪，村內大情小事需要花饃的時候，都會到蒸饃店預定。蒸饃店不僅蒸花饃，還賣饅頭、蛋糕等，不同場合用什麼花饃，店家都駕輕就熟，他們也成為當下村落社會中掌握人生儀式知識的人，乃至成為地方民間藝術的代言人。

五、挖掘傳承，振興文化遺產

　　陶寺村歷史悠久，文化燦爛，是「帝堯之都」。陶寺村擁有種類多樣的非物質文化遺產，既有文化遺產「天塔獅舞」，也有其他民間藝術形態。它們凝聚著中華民族傳統文化的精髓，是村落文化的承載者和象徵者。陶寺村非物質文化遺產具有重要的歷史文化價值、審美價值和旅遊開發價值等，對其挖掘傳承，保護開發，是增進民眾對於村落文化的認識與認同，增強民眾文化自覺意識的重要措施。

（一）陶寺村文化遺產特點與價值

　　陶寺村以民間藝術為代表的非物質文化遺產具有數量多、類型多的特點。從數量上看，有天塔獅舞、舞龍、抬閣、旱船、竹馬、戲劇、鑼鼓、剪紙、麵塑近 10 項，數量眾多且在當下的村落社會均有生存空間。

　　從類型上看，有傳統舞蹈、傳統戲劇、傳統音樂、傳統美術、傳統技藝等類型，涉及面較為廣泛且具有典型性。陶寺村的民間藝術是活著的藝術，傳承久遠內容豐富，是構成村落文化不容忽視的重要元素。

　　陶寺村的非物質文化遺產還具有多樣的價值內涵，這些構成了陶寺村非物質文化遺產的核心和靈魂。如天塔獅舞的五個特點就突顯了它極富特色的審美價值，同樣，剪紙和麵

塑也是兼具觀賞性和民俗意蘊的民間藝術。舞龍、抬閣、旱船、竹馬等社火節目起源悠久，彰顯了陶寺村落社會民間藝術的源遠流長。陶寺村的各類民間藝術所具有的旅遊開發價值是不言而喻的，如天塔獅舞在傳承過程中呈現商業化的趨向，他們經常受邀前往各地進行表演，其他民間藝術也亟待開發成旅遊資源。

　　綜合來看，陶寺村文化遺產歷史悠久，地域文化特色顯著，內容較為豐富，尤其是國家級非物質文化遺產的天塔獅舞。其餘原生態的民間藝術也充實了村落社會的文化空間，豐富了村落民眾的精神生活，使陶寺古村落增添了一份獨特的魅力。

（二）文化遺產發展新走向

　　當下，陶寺村民間藝術呈現天塔獅舞一枝獨秀，得到了較好的保護和傳承，也成為陶寺村開發旅遊的重要資源。其餘民間藝術在村落社會雖有存活空間，如正月到二月二期間的各類表演，是作為社火節目得以在村落中生存延續。陶寺村的戲劇代表「家亂彈」也由傳統村落社會民眾自娛自樂的表演走向紅白喜事和各類鄉村文藝演出等的場合。剪紙的發展趨向卻不容樂觀，老藝人的相繼離世，剪紙手藝傳承人寥寥無幾，而且由於機械化生產的塑膠窗花在鄉村盛行，促使

傳統的手工剪紙在現如今的村落社會也缺少生存利用空間等。總而言之，對陶寺民間藝術進行保護和傳承是促進其發展根本性的措施，在此基礎上加以開發利用，才能使各類民間藝術更好地適應當下社會的發展。

1. 保護傳承為根本

隨著都市化的加速，村落社會民眾的生產生活方式也發生著變化，年輕人更希望前往大城市發展，村內人口外流的情況逐年成長，一些傳統民間藝術面臨著年輕族群無人承繼的危機。除此之外，因無人管理或管理混亂導致民間藝術發展情況不容樂觀。只有對這些民間藝術進行合理的保護、創新和開發，才能使陶寺村眾多民間藝術更好地傳承下來。

對陶寺村非物質文化遺產的保護和傳承，主要有三種途徑。一是需要地方政府加以扶持，對陶寺村各項民間藝術系統調查，並以此建立完善的村落民間藝術保護體系。同時要對發展趨勢落後的民間藝術給予經費支持。二是需要文化部門和各類研究機構積極地進行研究、整理。目前，陶寺文化遺產已經引起地方研究機構和學者的關注，一系列著作和論述相繼面世。如本村文人王德功撰寫的《陶寺村史》、曹志恩編著的三晉文化系列叢書《平陽古村落襄汾陶寺》、陳玉士和喬建軍編著的《龍鄉陶寺》等地方書籍中均對陶寺村乃

至陶寺地區的民間藝術基本情況做了介紹。也有不少學術論文著重對陶寺村的國家非物質文化遺產「天塔獅舞」進行論述，書籍和論文中對陶寺文化遺產的呈現，同樣也是對其保護傳承的方式之一。三是鼓勵、支持各類文化遺產傳承人將民間藝術發揚光大。放眼當下陶寺村落的各類民間藝術，其生存狀態和發展環境並不是很理想，一些技藝性的民間藝術，如果沒有代表性傳承人積極呵護傳承，它們就可能面臨因後繼無人而在村落社會消泯的危機。如天塔獅舞正是有李登山為代表的領頭傳承人才能夠使這樣高難度的技藝性民間藝術傳承下來，而其他民間藝術卻沒有形成以傳承人為代表、以正規表演隊伍為載體的專業化的形態，它們如散落的星星般存在於村落社會中。

2. 開發利用正當時

在民間藝術保護的過程中，對其單純的保護是不能長久的，也不能充分發揮民間藝術的諸多價值，所以，讓民間藝術轉體為用是不可缺少的一項措施。通觀各地非物質文化遺產的保護，最終走向的是商業運作，尤其是配合當地旅遊開發，發展趨向藝術產業。對民間藝術進行創新活用不但可以增加村落民眾的就業，還可以實現這些文化遺產諸多價值的最大化呈現，進而實現利用非物質文化遺產保存歷史、教育

後人、發展經濟、傳承文明的最終目的。[128] 綜合來看，當下陶寺村各類民間藝術開發現狀和趨勢走向有如下幾個方面：

(1) 文化遺產產業化、商業化營運

市場化背景下，民間藝術不再是傳統社會的必須，而是商業社會傳承者謀生乃至發家致富的方法，他們有專門化、職業化、商業化、集中化的趨勢。尤其是近些年政府將民俗表演與旅遊景區宣傳相結合，舉辦非物質文化遺產日、文化旅遊節等，不僅提升了旅遊景區的影響力，也宣傳、傳承了非物質文化遺產。本部分以國家級文化遺產天塔獅舞的崛起為例進行說明。

2011 年時，天塔獅舞藝術團向襄汾縣委、縣政府提交了一份〈關於支持陶寺舞龍、舞獅發展弘揚帝堯文化的報告〉，報告在介紹陶寺舞龍、舞獅演藝文化產業發展情況的基礎上，也指出了藝術團當下存在的困難和問題，如製作場地狹小，生產空間不足；傳承技藝條件差，培訓學習困難多和生產流動資金不足的問題。同時對本藝術團的未來發展提出設想，具體如下：

以舞龍表演為載體，透過開發和創新，弘揚帝堯文化。一是挖掘舞龍藝術，戲曲各方所長，在舞龍的造型、動作、

---

[128] 苑利、顧軍：《非物質文化遺產學》，高等教育出版社，2009，第 95 頁。

技巧、服裝、道具方面進行創新，形成「陶寺龍」表演的特色品牌；二是利用外出表演的有利時機，以服裝、道具為載體，展示帝堯之都特有的文化元素和符號，宣傳、弘揚帝堯文化，達到「舞遍全國各地，演紅堯都襄汾」的效應。

改善服裝、道具製作，傳承培訓的條件，提高文化產業的效益。計畫新建、擴建訓練場地，實現服裝、道具生產的批量化、規模化，進一步加大培訓能力，透過實地訓練、教學相長，在舞龍舞獅藝術上進行創新，經過幾年時間的培育，使陶寺成為全國舞龍舞獅服裝道具加工生產的知名地、品牌地，打造一批在全國有影響的教練團隊，形成「陶寺龍獅」文化品牌，使眾多從事這一行業的陶寺人、襄汾人直接從文化產業發展中獲益。[129]

天塔獅舞的傳承人李登山可以說是促使這一民間藝術重新煥發光芒的重要人物。他明白天塔獅舞只有走向市場，才能讓這一民間絕活在新時代有新的生存空間，意識到這一點後，他便開始籌辦培訓班，解決了後繼無人的問題，同時還聯合其他民間藝術進行共同發展，如舞龍隊、鑼鼓隊，擴大天塔獅舞團陣營。2008 年，天塔獅舞團隊還架設了自己的網站物，展示了天塔獅舞的各項資訊。另外，還製作了團隊的名片，在各

---

[129] 陶寺天塔獅舞藝術團：〈關於支持陶寺舞龍、舞獅發展弘揚帝堯文化的報告〉（內部資料），2011 年 4 月 25 日。

地表演時宣傳。天塔獅舞藝術團在舞獅的基礎上，形成了產業化、商業化的發展趨勢，具體來看，有以下措施：

天塔獅舞將產業化運作模式發揮得淋漓盡致，在當地既有舞獅、舞龍專門的培訓，還租賃表演道具（龍、獅演員服裝和伴奏樂器），所有一切都根據中國龍獅運動協會的規定，並在全國各地輔導舞龍舞獅。除此之外，天塔獅舞藝術團還進行舞獅舞龍道具的製作和出售，對龍頭、龍身等進行了改進，方便組裝和拆卸，在市場上大受歡迎。

在市場化浪潮下，民間藝術的發展要迎合不同人群的需求進行創新，天塔獅舞亦是如此。在不同表演場合，舞獅隊伍的造型、風格都不盡相同。在保存傳統表演技巧的基礎上，設計出新的造型，配合表演場合的宣傳要求，在滿足民眾審美需求的基礎上也迎合了商業化的要求。

除了天塔獅舞外，陶寺村的另外一些民間藝術也初步呈現商業化的趨勢。如麵塑，傳統村落社會是家中女性必備的手藝，現如今則成為個別人掌握的技藝，並形成商業化的走向。蒸饃店的開設，使店內老闆成為麵塑藝術的保有者、麵塑產品的製造者，更是成為麵塑藝術的經營者。村落社會中不同人生儀式場合所需禮饃都在此訂購，什麼場合提供什麼造型的花饃，主家不需製作這些。

(2)「文化遺產＋節日」開發現狀

　　「文化遺產＋節日」的開發模式在地方社會旅遊業中的應用，不局限於傳統節日，還開發了富有地域特色的文化節等，襄汾縣在這方面所作成績較為突出。連續舉辦了陶寺龍抬頭社火節、趙康忠義文化節、龍澍峪祈福節等節慶活動，在活動期間，還邀請襄汾本地各類文化遺產進行表演，陶寺天塔獅舞就是比較受歡迎的一項節目。

　　回歸到陶寺地區，文化遺產與節日結合進行開發的典型案例當屬二月二龍抬頭社火節。自 2013 年恢復二月二龍抬頭社火節之後，陶寺村及周邊村落的民間藝術在社火節上大放異彩。天塔獅舞、舞龍、鑼鼓、旱船、竹馬、抬閣等節目在每年的社火節上都必不可少，成為當下陶寺村節日文化發展的重要表演內容。不容忽視的是，二月二龍抬頭社火節是與當地的帝堯文化相結合進行打造，社火節期間的民間藝術表演也融入了「帝堯文化」、「陶寺文化」的地域性代表文化內涵。

　　針對陶寺村其餘民間藝術，也可考慮將其與節日文化相結合開發周邊產品。如剪紙藝術和麵塑藝術，在二月二這樣盛大的節日現場，遊客聚集於陶寺關帝廟前，廟前廣場旁有不少攤位售賣物品，剪紙作品與麵塑作品同樣也可以融入，作品可設計成與社火節相關的龍、獅等形象，既可別出心裁

又可打開市場，使這類民間藝術突破村落範圍，更能吸引外來遊客駐足欣賞與購買。

(3)「文化遺產＋旅遊」模式展望

傳統手工技藝、傳統表演藝術等文化遺產反映出地方社會民眾的審美意識和價值觀念，文化遺產本身具有的體驗性和獨特的文化內涵是地方社會發展旅遊必須採用的文化資源。近些年，襄汾地區將文化遺產與旅遊開發結合的趨向越來越顯著。如實行文化遺產進駐景區，聯合旅行社和媒體進行文化旅遊開發，強調文化遺產保護傳承和文化遺產產業化發展。

展望陶寺村民間藝術與旅遊開發相結合的道路，不難得出，天塔獅舞是作為優勢項目被重點開發的，是與陶寺「帝堯之都」的地域定位相結合進行開發利用。對於包括天塔獅舞在內的陶寺所有民間藝術，均需要增加宣傳力度，提升品牌知名度，將各類民間藝術往更好更精的方向發展。據 2019 年 7 月調查得知，陶寺村進村主街道旁的牆壁上新繪了村落文化宣傳牆畫，但是文化遺產部分僅僅涉及天塔獅舞、舞龍，對其餘民間藝術沒有開設空間宣傳，今後文化遺產部分應涵蓋村落各類民間藝術，分門別類地進行宣傳，構建起濃厚的村落文化氛圍。

　　同樣，陶寺村的文化遺產開發可以借助臨汾地區的帝堯文化旅遊節和二月二龍抬頭社火節實現文化遺產產品的旅遊資源化，經過精心設計製作的具有陶寺地方特色的旅遊紀念品，如剪紙、麵塑和其他可代表陶寺文化遺產的不同材質、樣式的紀念品，也不失為地方文化遺產進行旅遊開發的可行性措施。

　　除此之外，還可安排陶寺文化遺產進校園活動，建立地方民間藝術展覽館等，在弘揚、宣傳陶寺文化遺產的同時，也可達成傳承振興的效果。

結語：
陶寺古村落的活化、保護與利用

　　古村落的保護與發展問題迫在眉睫，眾多被冠以「歷史文化名村」、「中國傳統村落」稱號的古村落多具有豐富的、可供旅遊開發的資源，透過對這些特色資源的活化利用，實現對傳統村落的保護、對村落文化的傳承。

　　陶寺村在臨汾區域乃至整個山西都是占有特殊地位的古村落。從村落文化資源上看，陶寺村以「陶寺遺址」為世人所知，依靠陶寺遺址打造出「最早中國」與「龍鄉」，這成為陶寺村的代表文化。遺址出土的蟠龍紋陶盤、扁壺朱書上的「文」、「堯」二字、古觀象臺、鼉鼓等成為當地城市建設的重要景觀。除了遺址文化資源之外，陶寺村還有農耕文化資源、信仰文化資源、節日文化資源、文化遺產資源等，在當下陶寺村呈現出共存發展的局面，成為陶寺古村落旅遊開發的重要載體。從自然生態環境來看，陶寺周邊有以塔兒山為代表的自然資源，塔兒山不僅具有優美的景緻，同時還蘊含著豐富的文化象徵內涵，對其進行生態保護是對古村落旅遊開發的前提和基礎。總而言之，在傳承村落文化核心的基礎上，對其進行創新性的利用與開發，是古村落走永續發展道路的重要路徑。

一、古村落活化利用的前提：
完善自然環境與公共文化設施

古村落活化利用的前提在於村落自然環境的改善與基礎公共文化設施的完善，這是古村落得以保存其文化資源的重要因素所在。陶寺古村落擁有豐富的自然景觀資源與文化資源，因地制宜的改善村落自然景觀，統籌建設有規劃性的公共文化設施，才能確保古村落文化資源在良好的環境中傳承有序的發展。陶寺古村落有以塔兒山為主的自然景觀，在打造塔兒山獨具特色的自然景觀的基礎上，也要關注自身具有的其他文化特質，同時兼顧在村落中多元進行村落的「文化表達」。

（一）以塔兒山為中心的綠色生態開發策略

近幾年生態宜居的概念越來越深入人心，村落的自然生態是村落生態文明價值的重要內涵，以此才能吸引更多人來鄉村觀光休閒。塔兒山是陶寺地區的重要山脈，從古至今，包含了極為豐富的自然資源與文化資源。塔兒山又名崇山、大尖山，相傳隋朝時有千尺大蛇臥於其上，所以也稱之為臥龍山，距離陶寺村十公里左右。[130]《山西通志》有載：「臥

---

[130] 劉鉻：〈「崇山」即「塔兒山」說新證 —— 夏族起源新探之二〉，《中原文化研究》，2015 年第 2 期，第 123-128 頁。

龍山，在襄陵縣東南四十里，一名崇山，其巔頂有塔，俗字名大尖山。」[131]。現階段，對於塔兒山的開發利用要以綠色生態為中心，同時兼顧其他文化資源的利用，這樣才能夠使村落整個的生態環境處於和諧的局面之中。

1. 植樹造林，重塑塔兒山山水美景

塔兒山有秀美的景色，山上寶塔亭中，碑刻〈襄汾象徵塔兒山〉讚美了塔兒山風景之美：

「塔兒山是秀麗的山。山高峰險，山花爛漫，煙繞雲飛，景色奇觀，山中石景，千姿百態，有石龜、石牛、石洞、石腳、石盆、石泉。寺廟建築，古樸典雅。普救寺、留侯祠、臥龍神祠、黃石公祠、軒轅廟、祖師廟，點綴於群山之中。山巔七級浮屠，建在海拔一千四百九十三公尺的主峰之上，凜然獨尊，巍峨雄偉。極目環視，近看群山起伏，遠眺堯都風光，東視日出朝霞，西望汾水煙波，令人心曠神怡，流連忘返。」

曾經的塔兒山松柏常青，泉溪長流，青山綠水，景色宜人。但是長期的開礦，造成了地質災害、水土流失、水脈打斷等自然破壞。在調查中，可以明顯地看到塔兒山中開採痕跡很明顯的礦洞和採礦車碾壓造成的凹凸不平的道路，昔日的塔兒山風光略顯憔悴。今後可利用塔兒山腳下肥沃的丘陵

[131] ［明］李侃修、胡謐纂：《山西通志》，中華書局，1998，第59頁。

山地，大量植樹造林，種植松柏、果樹等適宜的樹種，做好綠化，同時將山上古樹名木掛牌保護，將塔兒山打造成自然生態遊的理想之地。在此基礎上，發展自然風光攝影、叢林穿越、爬山登高健身等活動。

2. 開發塔兒山礦業遺產資源，開展地質災害科學研究

塔兒山礦產資源豐富，有煤、鐵、石膏、金、銀、白雲岩、硫、磷、硃砂等，有「金頭、銀尾、硃砂腰」之說，也有南蠻盜寶的傳說流傳。塔兒山礦區一直以來是襄汾地區的重點開採區，從這一方面對其進行開發，就需要利用塔兒山多樣的礦業遺產資源進行如下開發：

(1) 建設礦石識別和模擬開採體驗館

可在山腳下開闢寬闊的區域建設礦石識別和模擬開採體驗館，作為進入塔兒山休閒旅遊的第一站。館內可陳設塔兒山中所蘊含的各類礦產資源標本，並附帶介紹性文字，讓遊客了解礦石分類與價值，形成塔兒山獨具特色的礦業文化景觀。同時，可採用 AR 虛擬技術模擬礦石開採體驗，在娛樂中感受大自然賦予人類的寶貴財富。

(2) 地質災害科學研究

礦業生產，安全第一，可在此地建採礦安全教育館，介紹塔兒山礦區的規劃布局、建築設施、採礦坑道等，將具有

歷史記憶的礦業生產生活場所、建築、景觀等與礦業遺產等的各個要素有機組合。在此基礎上開展地質災害科學研究課程，將礦山事故、發生過的地質災害和對生態造成的破壞作為案例對遊客和學生族群進行自然生態環境保護教育，讓青少年了解到礦區文化知識。

3. 打造精品旅遊路線，開發塔兒山特色旅遊區

塔兒山不僅擁有優美的自然風光、豐富的礦產資源，還有深厚的歷史文化資源，文物遺跡眾多，〈襄汾象徵塔兒山〉碑刻記載：「塔兒山是文化的山。歷史悠久，源遠流長，名勝古蹟多達六十七處，有張良、鄧伯道、夏侯淳等先賢陵墓，有靈光寶塔、李世民駐蹕碑，更有聞名於世的丁村文化和陶寺遺址。《國語》云：『昔夏之興也，融降於崇山。』《山海經》載：『唐堯葬於崇山。』可見塔兒山地區是中華五千年文明史發祥地之一，是華夏民族文化的搖籃。」

碑刻內容明確定位塔兒山文化資源性質：文化的山。對此進行統籌規劃、循序漸進的開發，是對塔兒山整體旅遊資源合理利用的重要措施。以塔兒山為中心，對周邊地區的陶寺遺址、丁村遺址等進行統一開發，把這些文明支點連起來，打造中華文明的精品旅遊路線。縱觀塔兒山的文化資源，最重要的是將其遺址資源、文物古蹟與自然景觀相結合，發展綠色生態遊。

開發塔兒山特色旅遊區，要注意多方位的打造精品旅遊路線，具體來說，有以下幾點可供參考：

1. 修建從陶寺遺址到塔兒山的旅遊公路。從襄汾縣城到陶寺遺址的旅遊公路已經在修建中，但是還未對塔兒山的公路進行全方面的修建。只有將上山的道路修好，才能對塔兒山的各類資源進行旅遊開發。

2. 在塔兒山旅遊公路修建的基礎上，還可在山上修建索道和徒步登山道，並進行一系列配套設施的建設。開設徒步登山道，可以舉辦登山文化節，並與九月九重陽節相結合，同時與塔兒山上的崇山寶塔連繫起來，讓民眾在登山之餘，前往寶塔處燒香祈福，既可有鍛鍊身體之效，又滿足了民眾的祈福心理。

3. 塔兒山旅遊路線的設置。在完善相關配套設施的基礎上，逐步修復周邊村落的歷史古蹟，將塔兒山打造成歷史文化、自然風光為一體的旅遊路線。

（二）完善村落基礎公共文化設施

鄉村文化振興關鍵在於村落公共文化的振興，村落公共文化指的是在村落公共空間範圍內存在的文化形態，蘊含著村落社會中個體與集體的情感認知與價值體驗，同時強調「公共性」這一特徵。完善古村落基礎公共文化設施，是凝聚

村落民眾文化共同體意識的一種方式，同時也展現出古村落的文化特質和文化傳承新活力。綜合來看，陶寺村當下對於村落公共文化設施的現狀和今後發展建議如下：

1. 現狀

突顯村落文化特色，繪製陶寺村落文化宣傳牆，為弘揚陶寺古村落代表性村落文化，在村落進村口處道路牆壁上，新繪有村落文化宣傳牆畫。有如下幾個區塊：

表 5　陶寺村文化宣傳牆主題與表現內涵一覽表 [132]

主題	繪製圖案	文字內容	表現內涵
堯都陶寺	以陶寺為中心的遠古遺址分布圖。	陶寺遺址的挖掘證實堯都從傳說走向信史。	陶寺遺址文化及地位。
最早中國	陶寺龍盤、銅鈴、石磬、土鼓。	陶寺觀象臺介紹。	說明古觀象臺是帝堯時期「敬授民時」的證據。

[132]「二十四最」：世界最早的觀象臺；世界最早的圭表；中國最早的天下觀；中原地區最早功能區劃最完整的都城；中原地區最早的甕城城門；中國最早的凌陰；中國史上最標準的兩城制；中國最早的板瓦；中國最早的東廚宮室制度；中國最早陰陽八卦宇宙觀指導城址規劃；中國最早的陶槷祖宗構建物；中國最早紅銅鑄造禮器群；中國最早的禮儀性宮門——厥門；中國最早的紀念性大道城市規劃；中國最早的「豨豕之牙」文德治國理念的實物圖示；中國最早的漢字；中國最早的禮樂器制度性組合群；中國第一個考古證據鏈能夠與文獻記載三皇五帝中堯舜相對應的都城遺址；中國最早將美食文化政治化和意識形態化的範例；中國史前最北稻作農業產地；中國最早的工官管理手工業體制；中國最早的禪讓隸釋的考古例證；中國最早的澤中之方丘地祇祭壇；中國最早的宮廷禮制性家具組合。

結語：陶寺古村落的活化、保護與利用

朱書文字	簡體隸書、小篆、甲骨文、陶寺朱書四種字體書寫「堯、文」二字。	朱書「堯、文」二字是文明的元素與符號。	陶寺遺址出土文物具有豐富的文化內涵，是文明演進的重要表現。
陶寺遺址二十四最	豎排文字加以介紹。	陶寺遺址中的中國「二十四最」。	與臨汾市博物館中二十四最相得益彰，以此展現陶寺遺址文化豐富與獨特性。
堯帝王	帝堯像，帝堯生活軌跡風物圖。	帝堯功績介紹、人生經歷圖文表現。	突顯陶寺作為帝堯之都所具有的帝堯文化。
陶寺關帝廟	劉關張三人像，關帝廟圖。	關帝廟介紹。	關帝廟位於陶寺村中心，且是現在保存的唯一廟宇，以此展現陶寺的信仰文化。
陶寺古建築群	古代陶寺廟宇建築群分布圖。	「九鳳朝陽」廟宇群介紹。	彰顯陶寺村古老的歷史與豐富文化遺產，也能夠留下村落記憶。
非物質文化與天塔獅舞	獅舞表演團。	天塔獅舞起源與發展，恢復其影響與地位。	天塔獅舞是陶寺村最具代表性的文化遺產。
二月二龍抬頭	社火節目表演圖。	二月二龍抬頭社火節節目、傳說、村落中龍文化的介紹。	龍抬頭節是陶寺村近幾年恢復的傳統節日，以此強化民眾對地方的認同，並推廣當地文化。

表格來源：2019 年 7 月 28 日陶寺村調查蒐集整理

陶寺村村落文化宣傳牆為 2019 年新繪製，集中了陶寺村主要的村落文化內容，以圖文的形式加以表現，以此強化村落民眾對於村落文化的認知與認同。同時，宣傳牆本身是村落新文化景觀的一種，作為外來人員進入陶寺村後首先看到的村落文化景觀，是讓外來者更簡明直觀地了解到陶寺村的歷史文化與特色資源，是對外宣傳村落文化的一種方式。

2. 發展建議：建構村落文化空間，建設陶寺村落文化記憶館

陶寺村擁有豐富的遺址文化、歷史文化與民俗文化，當下對村落文化的開發也呈現出不平衡的狀態，側重對遺址文化與文化遺產中國家級文化遺產「天塔獅舞」、節日文化中「二月二龍抬頭社火節」的開發，其餘村落文化則開發較落後。基於這種情況，在村落中建設村落文化記憶館，是將各類村落文化資源集中起來最為直接的方式。

鄉村記憶工程是集村落文化遺產保護、村落記憶保存與村落公共空間建設於一體的鄉村文化表徵體系。村落文化記憶館則是將村落文化作為村落景觀加以保存，是實現村落民眾身分認同的方式，也是作為觀賞性資源以供「他者」接觸、了解村落文化的場所，對於保存村落文化資源、繼承民俗文化、凝聚民眾村落記憶具有重要的作用。

陶寺古村落具備建設村落文化記憶館的條件，村落中的遺址文化、農耕文化、文化遺產、節日文化、信仰文化等村落文化資源極為豐富，文化記憶館可依此設置主題明確的展廳，同時還可用老照片、實物模型、生產生活用具實物等進行展覽，對村落傳統手工藝、節日活動、特色民俗活動等以文化遺產展覽、節日期間的展演活動等進行保護，發揮其服務地方文化的功能。在村落文化記憶館的展覽上，營造新生村落公共文化空間，這對於陶寺古村落文化記憶的保存、村落文化遺產的活化以及村落形象的對外展示均具有重要意義。

二、古村落特色資源與文化旅遊開發的關係

村落文化資源的特質是影響村落文化旅遊發展道路方向的重要因素，也是古村落文化旅遊開發的基礎內容。古村落旅遊特色資源可分為自然生態型資源和村落文化資源，陶寺村落旅遊資源亦是如此。塔兒山可依託自然資源開發成觀光休閒之地，同時可針對其所蘊含的多種文化底蘊加以利用，村落中的各類文化遺產、信仰、遺址、節日等文化資源更是不言而喻，這些為陶寺村的文化旅遊開發提供了基礎的資源。同時需要注意的是，村落文化旅遊開發要緊緊圍繞「文

化傳承、保護與傳播」來進行，挖掘地方特色文化，提升古村落旅遊的體驗，形成村落特色競爭力。[133] 陶寺村當下對於村落文化的開發主要集中在遺址文化、文化遺產和節日文化的開發利用上，對於村落自然生態資源等方面關注較少，這也是在日後的文化旅遊開發中需要注意的。

　　陶寺古村落文化旅遊開發具有一定的優勢與不足。優勢在於村落文化類型多樣、內容豐富，且當地極為重視陶寺作為「最早中國」的影響力，並對此加以宣傳、開發。圍繞遺址文化進行一系列的開發項目設計，如修建旅遊公路、建設遺址公園、開設科學研究課程、舉辦學術研討會等，在開發遺址文化的同時，兼顧到非物質文化遺產「天塔獅舞」和二月二龍抬頭社火節的開發利用，故陶寺村當下文化旅遊開發的重點是陶寺遺址、文化遺產「天塔獅舞」和二月二龍抬頭社火節這三個方面，這也成為陶寺村較為突出的旅遊特色資源。也應關注到村落中的其他類型的文化資源，如塔兒山這一具有多種文化象徵內涵的自然景觀。由於基礎設施的不完善和長期處於礦區的緣故，塔兒山一直未能作為旅遊資源得到良好的開發。陶寺古村落中的信仰文化也沒有在村落文化旅遊發展道路上加以強化和利用，這也是在陶寺村日後的文化資源開發中需要注意的問題。

[133] 吳小霞：〈推動鄉村旅遊永續發展〉，《人民論壇》2018 年 11 月，第 85 頁。

「惠迪吉」門額　攝於 2016 年 8 月 1 日

「樂歲豐」門額　攝於 2016 年 8 月 1 日

曹家大院精美磚雕裝飾　攝於 2019 年 7 月 27 日

　　古村落承載著民眾的記憶和鄉愁，是保存和延續人類特色文化的重要場所，對古村落的保護性開發在各地既有同一性也有差異性。窺一斑而知全豹，陶寺村作為臨汾地區古村落的典型代表，對其開發保護的經驗可擴展到整個山西古村落的開發上。村落文化旅遊開發將自然風光與鄉土文化資源加以轉型升級，對村落特色旅遊資源進行整合，對村落文化傳播方式加以創新，建構起符合村落特色的文化品牌，既是對村落文化遺產進行長遠保護的措施，同樣也是對相關旅遊產業進行永續開發的重要路徑所在。

張家大院「涉趣」門額　申燕攝於 2016 年 10 月 16 日

結語：陶寺古村落的活化、保護與利用

張家大院精美磚雕　攝於 2019 年 7 月 27 日

二月二社火節售賣文化遺產工藝品　攝於 2019 年 3 月 8 日

崇山寶塔　柴書毓攝於 2019 年 7 月 27 日

聚集的村民　申燕攝於 2016 年 10 月 16 日

調查小組訪談王德功老人　田震攝於 2019 年 7 月 28 日

調查小組與尚文、王德功等村民一起交流　田震攝於 2019 年 7 月 28 日

調查小組在陶寺街頭訪談村民　田震攝於 2019 年 7 月 28 日

結語：陶寺古村落的活化、保護與利用

後記

　　陶寺村歷史悠久、山川毓秀、人文鼎盛，村落文化累積深厚，資源極為豐富，實在是個神奇的地方。陶寺遺址是帝堯時期文化的實證，這也宣告了這裡是「最早中國」。古觀象臺的發現與研究顯示陶寺是二十四節氣觀測法的源頭，是「觀象授時」下農耕文化的發源地；二月二「龍抬頭社火節」將陶寺地區的各類民間藝術聚在一起展示；非物質文化遺產「天塔獅舞」是陶寺人民的代表性民俗藝術……種種文化形態在陶寺生存、延續著，成為當下陶寺村實現鄉村振興可利用的文化資源，也是促使堯都陶寺大地綻放異彩、譜寫華章的重要支撐。希望透過本書的寫作能梳理陶寺的歷史，挖掘民眾的集體記憶，留住地方民眾的鄉愁；同時喚起更多人關注陶寺，關注陶寺村落文化遺產，進而推動陶寺旅遊業發展。

　　我對陶寺的認識是多年漸進的過程，雖然斷斷續續，但如今陶寺如跟我的第二故鄉。陶寺在襄汾北端，與臨汾相距不遠。先前在臨汾上學就聽說過此地，尤其是讀碩士研究生期間，導師段友文先生常給我們講臨汾是古堯都平陽所在地，到處有帝堯傳說和堯的活動與信仰遺跡，所以對陶寺村早已有嚮往之心。在修「戲曲文物與民俗」課程時，延保全老師帶我們實地學習拓碑，去的地方就是陶寺的關帝廟，這

是第一次見到陶寺，在這裡看到了元代關帝廟石柱，也了解了當地的關帝信仰習俗。2014 年黃河民俗文化研究所學生畢業論文口考，邀請社科院葉舒憲老師做口考主席，其間陪他到陶寺，這是第一次看到考古遺址現場，恰逢考古學會議落幕，專家們考察過的考古現場尚未回填，還能看出挖掘出來的外城遺址和城門夯土遺跡，看到了原始先民住過的半穴居的房屋地基。葉舒憲老師在這裡提到他的「四重證據法」，讓人深受啟發，至今受用無窮。此外，廟會和村落民間藝術的表演往往有待特定時日，否則難以見到其盧山真面目，每年陰曆二月二是民間認為「龍抬頭」的日子，這天陶寺村舉行廟會，周邊村莊帶著社火節目前來助演，十里八鄉的村民都被吸引過來觀看。我於 2016 年和 2017 年二月二都曾跟著臨汾攝影界的朋友們採風，兩次領略了陶寺舞龍和天塔獅舞的風采，其活力與精神，驚險與絕美，令人嘆為觀止。

這裡是老師們引導民俗課程實踐教學的平臺、教育培養學生的「自留地」，也是觀察傳統村落變遷和文化振興的窗口。正因為這裡與工作單位相距不遠，我的研究生都曾結合不同關注點去陶寺考察，比如傳統村落、非物質文化遺產、民間信仰等，歷屆學生去調查實習，關注文化遺產、傳統村落以及現在的文化資源，增加了見識，開闊了視野，了解了鄉村的實際情況，也促進了他們的學術成長。感謝我的幾

位研究生的支持。他們在考察中成長，在考察中確立自己的研究方向。馬佳是襄汾人，她對家鄉文化有著濃厚的熱愛之情，碩士畢業論文就是寫自己家鄉襄汾的古村落，因此對陶寺的考察也是她論文的一部分，後來她又在陶寺考古隊工作過兩年，在此期間也給我們與村落老人聯繫提供了方便和橋梁。柴書毓也是襄汾人，她很勤勉，完成了本書大部分基礎資料的整理工作，還在 2019 年暑假高溫創紀錄的一天參與了陶寺的收尾考察 —— 塔兒山之行，同行的還有田震、宋鴻秀。我曾擔任楊國輝同學在本科階段的畢業論文指導老師，他以天塔獅舞為研究對象，對傳承人做了細緻訪談，圓滿完成自己的本科論文，讀研究生期間也發表了相關論文。趙豔、裴璐、任芳、王杏芝等人也參與過考察，對陶寺村落格局、節日活動和民間藝術等做了認真的訪談和記錄。

在本書的寫作中最要感謝的是村裡熱心的老人們，以王德功老先生為最。「老驥伏櫪，志在千里。」王德功先生有對家鄉文化的滿腔熱情，多年來一直致力於陶寺的文化，不遺餘力地為陶寺村落文化的蒐集、整理和宣傳貢獻自己的力量，默默無聞地做陶寺文化的「代言人」。對於村落的記憶，他存之於心、傳之於口、灌注筆尖，記述村落歷史的《陶寺村史》、《陶寺烽煙》，輯錄報紙、期刊上的陶寺資料的《堯都陶寺歡迎您》。

　　每一本厚厚的文稿都傾注了他對陶寺村、陶寺人和陶寺文化的熱愛，這正是堯都陶寺兒女愛家鄉的典型寫照。這也為我的主題提供了最直接的線索，對王老先生的訪談次數最多，收穫也最大，在他的介紹下還認識了其他很多人。李登山、王紹斌、尚文、段光華、石家順、石林當等幾位老先生都熱心配合研究，不遺餘力提供自己知曉的村落資訊。感謝陶寺考古隊的高江濤副隊長，他不僅在陶寺考古方面做出了成績，在公眾考古教育方面也有很多有益的探索，我曾兩次參加他組織的清明節在觀象臺觀測日出和田野考古體驗，收穫頗多。

　　五千年文明看山西，遊山西就是讀歷史。被譽為「中國根、黃河魂」所在地的臨汾孕育了華夏早期文明，人文始祖之一的唐堯在此建都立業、敬授民時。陶寺文化古老、豐富而又深厚，是一個碩大的謎團，沉澱了四千多年，發展了四千多年，其真實面貌等待大家去探索、揭祕和發現。陶寺是中國傳統文化的搖籃，在這片土地上生存繁衍、辛勤耕耘的民眾身上有濃厚的堯舜遺風，這是中國鄉村最珍貴的特質。

參考文獻

一、報紙

[01] 仇保興·深刻認識傳統村落的功能·人民日報，2012-11-29(7)。

[02] 王儒林在臨汾研究·山西日報，2015-10-19。

二、專著

[01] 胡彬彬·中國傳統村落文化概論·中國社會科學出版社，2018：4。

[02] 解希恭·襄汾陶寺遺址研究·科學出版社，2007：21。

[03] 王巍·中國考古學大辭典·上海辭書出版社，2014：246。

[04] 劉沛林·古村落：和諧的人聚空間·上海三聯書店，1998：176。

[05] 蘇秉琦·華人·龍的傳人·中國人 —— 考古尋根記·遼寧大學出版社，2014：243。

[06] 現代漢語詞典·商務印書館，2005：1275。

[07] 山西省考古研究所·山西考古四十年·山西人民出版社，1994：103。

[08] 趙大勇，趙隨意·堯都平陽與堯舜禹·山西古籍出版社，1999：59。

[09] 李元慶·三晉古文化源流·山西古籍出版社，1997：99。

[10] 鍾敬文·民俗學概論·上海文藝出版社，1998：187。

[11] 鄭振滿，陳春聲·民間信仰與社會空間·福建人民出版社，2003：2。

[12] 宋建忠·龍現中國：陶寺考古與華夏文明之根·山西人民出版社，2006：48。

[13] 胡樸安·中華全國風俗志（上冊）·上海書店，1986：27。

[14] 王麗娜·中華民俗大觀（第4冊）·線裝書局，2016：316。

[15] 傅才武·中國人的信仰與崇拜·湖北教育出版社，1999：3。

[16] 烏丙安·中國民間信仰·上海人民出版社，1998：7。

[17] 馮俊傑·山西神廟劇場考·中華書局，2006：2。

[18] 董曉萍·現代民俗學講演錄·廣西師範大學出版社，2007：205。

[19] 蕭放·歲時 —— 傳統中國民眾的時間生活·中華書局，2002：12。

[20] 武占坤·中華風土諺誌·中國經濟出版社，1997：756。

[21] 馬清福，舒虹·中華節令風俗文化：春·瀋陽出版社，

1997：216。

[22] 羅斌，朱梅·舞龍舞獅·中國文聯出版社，2009：76。

[23] 苑利，顧軍·非物質文化遺產學·高等教育出版社，
2009：95。

三、古籍

[01] 竹書紀年（卷上）·平津館刊藏，1806：3（下）。

[02] 尚書·堯典·中華書局，2009：2。

[03] ［漢］王充·論衡·感虛篇·商務印書館，1934：75。

[04] ［春秋］左丘明撰，蔣冀騁標點·左傳·岳麓書社，
1988：397。

[05] ［清］姚培謙撰·春秋左傳杜注 28-30 卷·中華書局：
12（下）。

[06] ［漢］劉安著，［漢］高誘注·淮南子·上海古籍出版
社，1989：39 頁（下）。

[07] ［晉］郭璞注·爾雅·上海古籍出版社，2015：103。

[08] ［東漢］班固·漢書·中州古籍出版社，1996：578。

[09] ［春秋戰國］墨子·墨子·中華書局，1947：26。

[10] ［戰國］韓非·韓非子·上海古籍出版社，1996：38。

[11] ［宋］李昉·太平御覽·中華書局，2000：68。

[12] ［南宋］羅泌·路史：卷二十 // ［清］欽定四庫全書
（影印本）。

[13] ［清］李兆洛選輯，楚生點校·駢體文鈔·中州古籍出版社，1992：503。

[14] 郭超主編·四庫全書精華·子部·中國文史出版社，1998：1220。

[15] ［梁］沈約注，［清］洪頤煊校·竹書紀年·商務印書館，1937：3。

[16] 王充原著，袁華忠、萬家常譯·論衡全譯（下冊）·貴州人民出版社：1730。

[17] ［東漢］班固·白虎通·封禪（卷三上）·中華書局，1985：144。

[18] ［東漢］班固·漢書·公孫弘傳·中州古籍出版社，1996：798。

[19] ［東晉］王嘉·拾遺記·中華書局，1991：26。

[20] 帝京歲時紀勝 燕京歲時記·北京古籍出版社，1981：57。

[21] ［南朝宋］范曄·後漢書·卷三·中州古籍出版社，1996：28。

[22] （北魏）楊衒之撰，范祥雍校注·洛陽珈藍記校注·上海古籍出版社，1958：45。

四、論文

[01] 高忠嚴·社會變遷中的古村落信仰空間與村落文化傳
　　 承·山西農業大學學報（社會科學版），2018(8)：
　　 49。

[02] 中國社會科學院考古研究所山西隊、山西省臨汾行
　　 署文化局·山西襄汾縣陶寺遺址 II 區居住址 1999-
　　 2000 年發掘簡報·考古·2003(3)。

[03] 中國社會科學院考古所山西隊、山西省考古研究
　　 所、臨汾市文物局·山西襄汾縣陶寺城址祭祀區大型
　　 建築基址 2003 年發掘簡報·考古·2004(7)。

[04] 杲文川·山西襄汾陶寺發現四千年前「天文臺」·中國
　　 社會科學院院報》，2005-10-27(1)。

[05] 高江濤·陶寺所在晉南當為「最初中國」·中國社會科
　　 學報，2018-7-16(5)：2。

[06] 李琳之·最初中國緣起陶寺遺址·前進，2018(12)：
　　 26。

[07] 中國社會科學院考古研究所山西工作隊、臨汾地區
　　 文化局·1978-1980 年山西襄汾陶寺墓地發掘簡報·
　　 考古，1983(1)。

[08] 高煒，高天麟，張岱海·關於陶寺墓地的幾個問題·
　　 考古，1983(6)：536。

[09] 王克林·龍圖騰與夏族的起源·文物，1986(6)：56。

[10] 何駑·陶寺遺址扁壺朱書「文字」新探·中國文物報，2003-11-28。

[11] 李建民·陶寺遺址出土的朱書「文」字扁壺·中國社會科學院古代文明研究中心通訊·2001-1(01)。

[12] 杜學文·陶寺文化與華夏文明的形成·太原日報，2018-5-2：(7)。

[13] 向柏松·民間信仰與非物質文化遺產保護·中南民族大學學報（人文社會科學版），2006(5)：66。

[14] 蔣棟元·神、人、自然的和諧統一 —— 神樹崇拜的文化解讀·西南農業大學學報（社會科學版），2000：(1)：87。

[15] 蕭放·民俗傳統與村落復興·西南民族大學學報（人文社會科學版），2019(5)：30。

[16] 蕭放·文化遺產視野下的民間信仰重建·探索與爭鳴，2010(5)：63。

[17] 劉宗迪·從節氣到節日：從曆法史的角度看中國節日系統的形成和變遷·江西社會科學，2006(2)：15-16。

[18] 蕭放·文化復興與傳統節日的回歸·中國德育，2017(2)：27。

[19] 楊國輝，高忠嚴·文化遺產傳承人在非物質文化遺產中的作用 —— 以國家級非物質文化遺產天塔獅舞傳承人李登山為例·戲劇之家，2019(4)：240。

[20] 劉錚·「崇山」即「塔兒山」說新證 —— 夏族起源新探之二·中原文化研究，2015(2)：123-128。

[21] 吳小霞·推動鄉村旅遊永續發展·人民論壇，2018-11：85。

五、地方文獻

[01] 襄汾縣志編纂委員會翻印·襄陵縣新志、太平縣志（合刊），1986：(40)。

[02] 王德功、尚文·陶寺村史·（內部資料）·2000。

[03] 陳玉士、喬建軍·龍鄉陶寺·山西人民出版社，2005：5。

[04] 王天然·三晉石刻大全·臨汾市堯都區卷·三晉出版社，2011：289。

[05] 高建錄·三晉石刻大全·臨汾市襄汾縣卷（上）·三晉出版社，2012：48。

[06] 張海杰·帝堯民間傳說故事·堯都區三晉文化研究會叢書，2009：13-19，23-27，35-39。

[07] 胡澤學·三晉農耕文化·中國農業出版社，2008：252-253。

[08] 高樹德·中華之根祖·作家出版社，2008：191。

[09] 陶富海·陶寺文化遺址·山西歷史文化叢書，2006：24。

[10] 孔尚任總纂·平陽府志·卷二十九（風俗）·山西古籍出版社，1998：858。

[11] 楊迎祺·堯都風情拾萃（內部資料）·堯都區三晉文化研究會，2006：174。

[12] 臨汾地區民間文學集成編委會·堯都諺語（內部資料），1989：85-93。

[13] 王德功，曹志恩·陶寺烽煙·襄汾文聯，2007：71。

[14] 襄汾縣委宣傳部·根祖聖地襄汾（內部資料），2014：128。

[15] 李英明，李平朗，狄西海·塔兒山下的故事·山西人民出版社，1994：229-231。

[16] ［明］李侃修，胡謐纂·山西通志·中華書局，1998：59。

六、學位論文

[01] 馬佳·山西襄汾縣古村鎮公共空間的變遷與文化傳承·山西師範大學，2018：46。

[02] 楊靜蓉·山西襄汾陶寺天塔獅舞傳承研究·山西師範大學，2013：38-40。

電子書購買

爽讀 APP

國家圖書館出版品預行編目資料

陶寺文化，尋找失落的帝堯之都：龍圖騰、觀象臺、扁壺朱書、天塔獅舞、社火狂歡……山西襄汾陶寺古村落文化資源研究 / 高忠嚴著 . -- 第一版 . -- 臺北市：崧燁文化事業有限公司 , 2023.10
面；　公分
POD 版
ISBN 978-626-357-708-4(平裝)
1.CST: 文化遺址 2.CST: 文化研究 3.CST: 山西省臨汾市襄汾縣
671.49/304.4　　　112015521

陶寺文化，尋找失落的帝堯之都：龍圖騰、觀象臺、扁壺朱書、天塔獅舞、社火狂歡……山西襄汾陶寺古村落文化資源研究

臉書

作　　者：高忠嚴
發 行 人：黃振庭
出 版 者：崧燁文化事業有限公司
發 行 者：崧燁文化事業有限公司
E - m a i l：sonbookservice@gmail.com
粉 絲 頁：https://www.facebook.com/sonbookss/
網　　址：https://sonbook.net/
地　　址：台北市中正區重慶南路一段六十一號八樓 815 室
Rm. 815, 8F., No.61, Sec. 1, Chongqing S. Rd., Zhongzheng Dist., Taipei City 100, Taiwan
電　　話：(02)2370-3310　　傳　　真：(02) 2388-1990
印　　刷：京峯數位服務有限公司
律師顧問：廣華律師事務所 張珮琦律師

-版權聲明-

定　　價：375 元
發行日期：2023 年 10 月第一版
◎本書以 POD 印製
Design Assets from Freepik.com